Buch

Das Wiener Kaffeehaus, das sich bisher über alle Weltuntergänge retten konnte, entwickelte sich in den fast 300 Jahren seines Bestehens zu mehr als einer Lokalität, in der Kaffee gesotten und ausgeschenkt wurde. Es wurde zu einer Institution, in der sich österreichische Literatur, Kunst, Musik und Lebensart zu außergewöhnlich feinen Blüten kristallisierten, die vor allem Anfang des 20. Jahrhunderts der gesamteuropäischen Kultur und Gesittung großen Glanz verliehen
Diese unvergleichliche Atmosphäre versucht der vorliegende Band einzufangen – mit dem einleitenden Essay und mit einem großen Bilderbogen von über 100 Reproduktionen nach alten Stichen und Photographien und einer sorgfältigen Auswahl von Texten, in denen sich die berühmtesten Stammgäste selbst quasi in einem All-Star-„Stammbuch" des Wiener Kaffeehauses verewigt haben.

... und Autoren

Hans Weigel, geboren 1908 in Wien. Seit 1932 freier Schriftsteller. Autor von Romanen und essayistischen Büchern, Dramatiker, Librettist, Mitarbeiter satirischer Zeitschriften, Kritiker, Übersetzer (vor allem der Komödien Molières). Lebt in Maria Enzersdorf bei Wien.

Werner J. Schweiger, geboren 1949 in Lilienfeld (Niederösterreich). Seit 1970 Beschäftigung mit dem Thema Kaffeehaus. Zahlreiche einschlägige Veröffentlichungen in Zeitschriften, u. a. „Pestsäule", und im Rundfunk. 1974 Verleihung des Theodor-Körner-Preises (für eine Bibliographie von Peter Altenberg). Lebt in Wien.

Christian Brandstätter, geboren 1943 in Lambach (Oberösterreich). 1961–1965 Studien an den Universitäten Wien und Paris. 1965 Doktorat der Rechtswissenschaften an der Universität Wien. Seit 1968 im Verlagswesen tätig. Gestalter preisgekrönter Bildbände, u. a. Karl Korab „Das Waldviertel" und „Oberösterreich".

DAS WIENER KAFFEE HAUS

Einleitender Essay von Hans Weigel
Text- und Bildauswahl von
Christian Brandstätter und Werner J. Schweiger

Wilhelm Goldmann Verlag

Inhalt

Das Kaffeehaus als Wille und Vorstellung
Einleitender Essay von Hans Weigel 6

Psychogramm einer Wiener Institution 26

Historischer Abriß (1683–1890) 38

„Kaffeehausliteratur" und Literatencafé 54

Das Café Griensteidl 56

Das Café Central 64

Theorie des „Café Central"
Text von Alfred Polgar 67

„Central" und „Herrenhof"
Text von Anton Kuh 74

Das Café Herrenhof 79

Das Café Imperial 82

Das Café Sperl 84

Das Café Museum 86

Architektur und Kaffeehaus 95

Das Café Dobner 98

Vom Zeitunglesen im Kaffeehaus 99

Vom Billardspiel 105

Vom Schachspiel 109

Vom Kartenspiel 112

Vom Rauchvergnügen 114

Stammgast und Stammtisch 115

Von Marqueuren, Kellnern, Pikkolos 118

Requiem für einen Oberkellner
Text von Friedrich Torberg 126

Kaffeevariationen 128

Schale Nußgold oder Die Kellnerprüfung
Text von Rudolf Weys 130

Der „Schanigarten" 134

Vorstadtkaffeehäuser und Nachtcafés 138

Kaffeehäuser im Prater 142

Postscriptum 149

Literatur- und Abbildungsverzeichnis 150

Wiener Vedute. Blick vom Glacisbereich auf die Innere Stadt, im Hintergrund das Palais Coburg und der „Steffl", im Vordergrund Kaffeehaustische. Photographie von Johann Hoff. Um 1870

Das Kaffeehaus als Wille und Vorstellung
Einleitender Essay von Hans Weigel

Die Leser dieser Zeilen werden höflich gebeten, das Wort „Kaffee" auf der zweiten Silbe zu betonen, auch beim Lesen. Denn der Unterschied zwischen Kaffe und Kaffee geht ins Abnorme.

Auf der ersten Silbe betont, bezeichnet Kaffee ein Getränk, auf der zweiten betont, bedeuten Café und Kaffeehaus in Wien und Österreich eine Lebensform.

Der Kaffee ist gewiß nicht nur in Österreich ein Belang: er zog von Osten her westwärts, ein friedlicher Genußmittel-Kreuzzug in umgekehrter Richtung, er blüht in Italien, er gedeiht in Frankreich, er hat die angelsächsische und skandinavische Welt durchdrungen, er ist als Irish Coffee eine Mesalliance mit dem Alkohol eingegangen, er hat sich auch die gesamte deutschsprechende Welt untertan gemacht und dient gelegentlich auch als Zeitangabe. „Zum Schwarzen" bedeutet „nach Tisch", „zum Kaffee" bedeutet „in der Mitte des Nachmittags".

In und um Wien jedoch ist der Kaffee mehr als ein Getränk, mehr als eines unter etlichen sogenannten Genußmitteln, ist er gleichsam ein Bestandteil der Volksseele geworden wie das Bier in Bayern, der Whisky in Schottland, der Wein am Rhein, ohne die gelegentlich problematischen Begleiterscheinungen und Folgen, wenngleich, wie wir feststellen werden, die Beziehung zwischen Kaffee und Haus komplex ist und anders gelagert, als man es auf den ersten Blick meinen möchte.

Die Sprache zeigt an, welche besondere Rolle Café und Kaffee in Österreich, besonders in Wien spielen, welche Macht sie ausüben. Bekanntlich ist der bestimmte Artikel männlichen und weiblichen Geschlechts hierzulande eine Art Adelsprädikat: der Hans Moser, der Kreisky, der Karl Böhm, die Gold, die Wessely, die Degischer ... Aber der bestimmte Artikel sächlichen Geschlechts hat noch größere Kraft; er kann dem folgenden Hauptwort ein neues Geschlecht aufzwingen, also sozusagen eine Geschlechtsumwandlung herbeiführen:

Es heißt zwar „der Korb", „der Basar", auch Mozart, auch Grillparzer, auch Schwarzenberg, auch Hof sind gemeinhin männlichen Geschlechts – es heißt zwar „die Wienzeile", „die Altstadt" ... aber man kann immer wieder sagen hören: das Korb, das Basar, das Mozart, das Grillparzer, das Schwarzenberg, das Bräunerhof, das Wienzeile, das Altstadt. Man sagt auch mit Bedauern: das Herrenhof, das Heinrichshof, das Bastei, das Fenstergucker. Die Sächlichkeit des Hauses schlägt auf den Namen um. „Treffen wir uns im Akademie oder im Bärenmühle?"

Das nostalgische Bedauern im Hinblick auf das Wiener Café ist traditionsbedingt und reicht in längst vergangene Jahrhunderte zurück. Ebenso wie das Burgtheater bald nach seiner Eröffnung, ebenso wie die Wiener Oper bald nach ihrer Eröffnung, ebenso wie die ganze Stadt bald nach ihrer Gründung, ebenso wie die Wiener Mädchen und Frauen bald nach der Gründung Wiens, ebenso wie sein entfernter Verwandter, der Heurige, ist das Wiener Café seit eh und je „nicht mehr das, was es einmal war". Wien kennt vier Vergangenheitsformen: die Mitvergangenheit, die Vergangenheit, die Vorvergangenheit und die Blütezeit.

In der permanenten Klage über Verlorenes sind, das Café betreffend, zwei authentisch historische, nicht nur gefühlsbetonte Phasen zu registrieren: in der hektischen ersten Nachkriegszeit um 1920 wurden viele Kaffeehäuser in Bankfilialen verwandelt. Aber in der wirtschaftlichen Niedergangszeit um 1930 wurden dann viele Bankfilialen zu Kaffeehäusern. (Daß wir uns derzeit wieder in einem wirtschaftlichen Wellental befinden, müßte demnach für das Café zu Hoffnungen berechtigen.)

Gewiß ist in der letzten Dekade ein Schrumpfprozeß unverkennbar; aber nur einzelne Cafés – nicht das Café! – sind verschwunden. Und ein Blick in das Wiener Telephonbuch, Band II, I-Q, Seiten 60-61, zeigt uns, eingebettet zwischen die Familien Käferböck und die Familien Kafka, immer noch eine überaus stattliche Zahl von Kaffeehäusern, wobei zu bedenken ist, daß Band I, A-H, auf den Seiten 422-423 auch noch eine ebenso stattliche Lokalitäten-Anzahl unter der Überschrift „Espressi" versammelt.

Nein, es gibt noch sehr viele Kaffeehäuser in Wien und Österreich; der Fortbestand scheint gesichert, die Substanz intakt. Ich glaube nicht daran, daß wir uns derzeit einem Rückzugsgefecht, einer letzten Euphorie gegenübersehen.

Allerdings gilt berechtigte Trauer vielem Verschwundenen; und je mehr man seine rückwärts gewandten Gedanken konzentriert, um so inniger wird die Trauer.

Aus blinden Fenstern gähnt uns in der Herrengasse, Ecke Strauchgasse, das Central entgegen, Urbild und Krone aller Wiener Kaffeehäuser im ersten Drittel unseres Jahrhunderts, literarisch von Peter Altenberg und Alfred Polgar verewigt. Hier kamen (wie in allen sogenannten Literatur- und Künstler-Cafés) nicht nur Literaten und Künstler zusammen, hier spielte auch ein russischer Emigrant namens Trotzki stundenlang Schach. Die Anekdote will wissen, daß ein hoher Beamter des österreichischen Außenministeriums seinem Minister aufgeregt gemeldet habe: „Exzellenz, in Rußland ist Revolution!" Da habe der Minister ungläubig gelächelt und geantwortet: „Gehn S', wer soll denn in Rußland Revolution machen? Vielleicht der Herr Trotzki aus'n Café Central?"

Weniger spektakulär und längst vergessen: das Café Pucher im Hintergrund eines Hauses am Kohlmarkt. Hier verkehrten, wie wir aus den ,,Letzten Tagen der Menschheit" wissen, die Minister. Als der erste Weltkrieg ausbrach, saßen sie im Café.

Am Werk von Karl Kraus ließe sich (welch ein Dissertationsthema!) die Bedeutsamkeit des Cafés für die österreichische Geschichte und Kulturgeschichte ablesen. Karl Kraus wurde literarisch aktiv anläßlich der Demolierung des literarischen Cafés Griensteidl. Er verewigte das Café Imperial in der Satire ,,Der Löwenkopf oder die Gefahren der Technik". Der Schauplatz seiner dramatischen Satire ,,Literatur oder Man wird doch da sehn" ist das (nicht beim Namen genannte) ,,Herrenhof", wohin die junge Literatur aus dem benachbarten ,,Central" nach dem Ende des ersten Weltkriegs übersiedelte. In den ,,Letzten Tagen der Menschheit" schreiben die K. u. k. Heerführer an die Besitzer ihrer Wiener Stammlokale Feldpostkarten.

Und in seiner Satire (fast möchte man sagen: Humoreske) ,,Der Biberpelz" ist ohne Absicht das Porträt eines Wiener Kaffeehauses entworfen. Ein Pelz wurde gestohlen, und sofort entsteht Öffentlichkeit, Kontaktfreudigkeit, Solidarität. (,,Ich lebte still und harmlos, ich war ein Privatmann, denn ich übte seit vielen Jahren eine literarische Tätigkeit aus. Ich hatte nicht gewußt, daß ich vor allem einen Pelz besaß. Ich schrieb Bücher, aber die Leute verstanden nur den Pelz . . . Denn wenn es in solchen Fällen schon nicht mehr möglich ist, zu erfahren, wo der Pelz hingekommen ist, so muß man dem Publikum und der Polizei wenigstens darüber Auskunft geben, wieviel er gekostet hat, wieviel er heute wert ist, ob der Kragen lange oder kurze Haare hatte . . . was mir naheging, war nur der Verlust meiner Ruhe. Daß ich im Mittelpunkt der Aufmerksamkeit stand, daß ich in Wien über Nacht berühmt war und daß die Leute mit Fingern auf mich zeigten . . .") Karl Kraus, selten so nachsichtig und so heiter, beklagt sich zwar über die typisch wienerischen Kaffeehaus-Unsitten; aber er streichelt die Wiener diesmal mehr als daß er sie züchtigt wie sonst.

Karl Kraus ist zeitlebens ins Kaffeehaus gegangen. Weil er ein Einsamer war, wollte er nicht angesprochen, nicht gegrüßt werden. Aber weil er ein Wiener war, ist er ins Kaffeehaus gegangen, ins Imperial, ins Parzifal – beide existieren heute noch. Man sollte an ihren Fassaden Gedenktafeln anbringen: Hier las Karl Kraus die Zeitungen, die er haßte.

Hier kann und soll nicht die Geschichte des Wiener Cafés nacherzählt werden. Hier kann nur das Charakterbild und das Psychogramm der Gattung skizziert sein.

Eine Anekdote fragt, was denn das Entscheidende des Kaffeehauses sei, und antwortet: Man ist nicht zuhaus' und doch nicht in der frischen Luft.

Ein Aperçu? Ein lächerliches Paradoxon? Nein, eine weise volkskundliche Erkenntnis.

Café Sperl. Wien 6, Gumpendorfer Straße 11. Photographie. Um 1890

Wo gibt es das denn sonst? Im Club, im Vereinslokal muß man gesellige Pflichten erfüllen, im Restaurant muß man essen, im Park ist man von Wind und Wetter abhängig. Was muß man im Café? Nur sein. Man kann fast alles, aber man muß fast nichts. Das Café ist ein Freiheitsraum.

Südlich der Alpen gab es das Forum, die Agora, und sie leben auf vielen Plätzen vieler Städte und Städtchen am Mittelmeer fort. Dort ist man im Freien auch nicht in der frischen Luft, denn dort unten ist die Luft nicht frisch. Auf den zentralen Plätzen im Süden gestaltet sich Öffentlichkeit. Dort gab's immer schon, seit Jahrtausenden schon, Kommunikation, noch ehe sie diesen überflüssigen Namen bekam. Ähnliches kennt unser Dorf bis heute am Sonntag-Vormittag bei gutem Wetter. Denn im Dorf gibt's kein Kaffeehaus. Und das Wirtshaus ist vom Kaffeehaus so verscheiden wie der Zweck vom Mittel.

Und da wir zu den Schlüssel-Begriffen ,,Zweck" und ,,Mittel" gelangt sind, wird es Zeit für die erstaunliche Feststellung: Kaffee ist im Café nicht Zweck, sondern Mittel.

Im Weinhaus dominiert der Wein, im Bierhaus das Bier, im Gasthaus die Gastronomie . . . Das Warenhaus sucht man der Waren wegen auf, im Schutzhaus sucht man Schutz, das Freudenhaus lockt durch die Aussicht auf Freuden, im Heizhaus wird geheizt, das Konzerthaus ist für die Konzerte da, aber im Kaffeehaus ist das Haus tausendmal wichtiger als der Kaffee.

Er ist nicht der Inhalt, sondern die Form, er ist der Vorwand, ein Kaffeehaus aufzusuchen. Er ist der Katalysator. Er ist die Eintrittskarte.

Und damit sind wir einem wienerischen Geheimnis auf der Spur. Wir wollen diese Spur auf überraschende Manier verfolgen. Denn ich behaupte, daß man Wien am besten versteht, wenn man das Wienerlied befragt, ungeachtet seiner meist banalen und gelegentlich schauerlichen Texte.

Wie steht es im Wienerlied mit dem Café und mit dem Kaffee? Wir singen reichlich Lieder zum Preis der Straßen, Plätze und Bauten und des Stroms, der Berge, der Täler und Auen, zum Ruhm der Schenken, zum Ruhm der Süßspeisen, zum Ruhm der Musik, des Tanzes, zum Ruhm der Mädchen und Frauen, zum Ruhm vor allem des Weins . . . ,,solang' im Glaserl no a Tröpferl drin is, solang' a Geigen no voll Melodien is, und solang' als no a tulli g'stelltes Maderl da . . .", das ist die Rangordnung der wienerischen Werte: Wein, Gesang, Weib.

Und das Kaffeehaus? Ein Evergreen-Lied vom ,,Kleinen Café in Hernals", aber sonst nur Vergessenes, kaum Bemerkenswertes. Als nennenswerte Ausbeute ergibt sich interessanterweise nur ein Salzburgerlied ,,Der alte Ober vom Café Basar".

Ich verdanke die Dokumentation unserer bewährten Gesellschaft der Autoren, Komponisten und Musikverleger A. K. M., die die Rechte der Wienerlied-Hervorbringer wahrnimmt und alle Wienerlieder übersichtlich erfaßt hat. Niemand kennt sich da besser aus als der Herr Reschenthaler, und ihn habe ich nach Kaffeehaus-Liedern gefragt; nun fragte ich weiter, nach Kaffee-Liedern. Mir fiel nur eines ein, und das ist kein Wienerlied. „Gibt es Wienerlieder, Herr Reschenthaler, in denen nicht das Lokal, sondern das Getränk besungen wird, so wie der Evergreen ‚Tea for two' den Tee besingt?" Die Ausbeute war erschreckend: ein einziges Kaffeelied, dessen Refrainzeile sich auch noch das Getränk mit der Temperatur teilen muß: „Ein warmer Ofen, ein Schalerl Kaffee". Das ist alles? Das ist alles.

Was ist da geschehen, besser gesagt: nicht geschehen?

Wenn wir an die Loblieder auf den Alkohol von Horaz bis Zuckmayer denken, ganz speziell an die ewige Wiener Seligkeit „beim Wein, beim Wein, beim Wein", und die Koffein-Abstinenz aller Spielarten von Lyrik dagegenhalten, sind wir überrascht und werden nachdenklich. Die Alkoholiker lieben die geistigen Getränke, die Musikfreunde lieben die Musik, die Naturfreunde lieben die Natur, von den Liebenden im engeren Sinn ganz zu schweigen. Den Kaffee braucht man. Man ist unter Umständen auf ihn angewiesen, aber man scheint ihn nicht zu lieben. Man lobt seine Qualität, man tadelt vor allem seine mangelnde Qualität, aber man besingt ihn nicht. Diese Tatsache wurde mir erst jetzt bewußt, da ich antrat, dem Kaffeehaus auf den Grund zu kommen.

Ich erbitte Ihre gütige Erlaubnis zu einem Exkurs in eigener Sache. Vielleicht bin ich als Kaffeliebhaber eine Ausnahme, vielleicht habe ich als einziger europäischer Autor einen Hymnus auf den Kaffee zu schreiben versucht. In den frühen Vierzigerjahren hatte ich den Auftrag, für Carlo Goldonis Lustspiel „Das Kaffeehaus" Chansons zu schreiben. Ich ließ das Stück mit einem zweistimmigen Hymnus auf das edle Getränk eröffnen:

Kaffee, Kaffee,
Edelster Trank aus dem Osten,
Kaffee, Kaffee,
Selig sind die, die dich kosten . . .

und nach polemischen Seitenhieben auf den Alkohol folgt die Zeile:

Du bist viel geistiger als die geistigen Getränke!
Wer niemals einen Rausch gehabt, der ist kein braver Mann, Bier her oder ich fall' um, daß muß ein Stück vom Himmel sein, Wien und der Wein . . .

Was aber ist Wien und der Kaffee? Ein Stück irdisches Leben. Nicht Nahrung der Seele wie Alkohol, sondern Würze des Hirns, Speise der Vernunft, Instrument der Nüchternheit, Erwecker, Wachhalter, Wegbereiter der Sachlichkeit. Sachlichkeit ist unwienerisch. Der Kaffee führt mich zu mir. Er macht nicht aus allen Menschen Brüder, sondern aus Brüdern Menschen, er hilft ihnen nicht vergessen, im Gegenteil . . . singt der Kurzsichtige einen Hymnus auf seine Brille, der Grippkranke eine Ode auf die Antibiotika?

Kaffeetrinken ist kein geheimes Laster, Koffein ist kein Suchtgift. Kaffee bedarf keiner Rechtfertigung. Der Wiener ist auf den Kaffee und seine Qualitäten ebenso heikel wie auf Alkoholika. Er leidet außer Landes unter der dortigen

Kaffee-Machart. Er hat die heimische Machart zu einer Art Wissenschaft stilisiert.

Aber er singt nur über den Wein. Den Wein konsumiert er wo immer, auf primitiven Holztischen, ohne jedes zusätzliche „Service". Den Kaffee garniert er (man könnte fast sagen: tarnt er) durch eine Fülle zusätzlicher Dienstleistungen. Als ob's nicht der Kaffee wäre. Wie einst Österreich-Ungarn ist heute die Dualität Wein-Kaffee eine Doppelmonarchie zweier heterogener Formen, ein labiles Gleichgewicht wie das Gegeneinandermiteinander unserer beiden Reichshälften Rot und Schwarz (Vöslauer und Mocca). Das Rote ist nicht immer rot, das Schwarze nicht immer schwarz. Man bevorzugt das eine oder das andere und braucht beide. Man preist das Abnorme, man versteckt das Gesunde.

Doch unbeschadet der Vielfalt von Varianten der Kaffehaus-Tabulatur –
– große Tasse, kleine Tasse, Glas, Kupferkanne (das „Kännchen" beginnt erst hinter Passau) –
– darin ganz heller, mittelheller, dunkler, schwarzer Kaffee –
– mit oder ohne Schlagobers –
– mittels Espressomaschine oder konventionell oder auf türkische Manier zubereitet –
– letztere Variante „natur" oder „passiert" (was nicht „zugestoßen" bedeutet und nicht „überquert", sondern: geseiht) –
– unbeschadet auch der vielen Gattungsnamen (die sich leider in letzter Zeit anschicken, allmählich aus unserem Vokabular zu verschwinden): Schale Gold, Schale Nußgold, nußbraun, Kapuziner (ganz dunkel), Obers gespritzt (sehr hell), Einspänner (Schwarzer im Glas, darüber reichlich Schlagobers), Melange (nicht in der Espresso-Maschine bereitet). Verlängerter, Kurzer —
— unbeschadet der Varianten, ihrer Namen und Abkürzungen kann man sein Leben lang Stammgast eines Cafés gewesen sein und dort nicht einen Tropfen Kaffee getrunken haben.

Das Repertoire der Wiener Kaffeehaus-Konsumation umschließt auch den Tee, den Kakao, die Schokolade, die Milch, Erfrischungsgetränke, Eis, Soda- und Mineralwässer, Liköre und Schnäpse und Weine –
– belegte Brote, Eierspeisen, Würstel –
– dazu Brot (hier „Hausbrot" genannt), Semmeln, Kipferln, Mohnstriezerln, Weckerln (hier „Gebäck" genannt) und Kuchen (hier „Bäckerei" genannt).

Man sucht das Café auch auf, um den Durst, den Hunger oder beide zu stillen. Aber das ist Nebensache. Trinken und Essen im Café: das ist so wie Interpunktion bei einer Dichtung – gehört dazu, ist aber unwichtig, ist Mittel.

Das ist es nicht! Was ist es denn? Was ist Zweck?

Die höhere, geheimnisvolle, die innere Essenz des Cafés – ihr nähern wir uns auf dem Weg über zwei Zitate.

„Limonadezelt" auf dem Graben. Photographie von Johann Hoff. Um 1870

Das eine aus dem einzig lebendigen Kaffeehaus-Wienerlied „In einem kleinen Café in Hernals" (Text: Peter Herz, Musik: Hermann Leopoldi):
... dort genügen zwei Mocca allein,
Um ein paar Stunden so glücklich zu sein ...
Man beachte die Relation von „zwei Mocca" und „ein paar Stunden"!
Das zweite Schlüssel-Zitat ist ein Auszug aus der Beschreibung des Cafés, in dem „Literatur" von Karl Kraus (1921) spielt: „... nomadenhafte Häuslichkeit ... während verschiedene junge Leute schreiben, diktieren, malen, zeichnen, verrichten Mädchen häusliche Arbeiten, stopfen Zigaretten und dgl. An einigen Tischen ... wird Schach, an anderen Tarock gespielt."

Nomadenhafte Häuslichkeit! Nicht zuhause, aber doch nicht in der frischen Luft!

Kaffeehaus verhält sich zu Wohnung wie Liebe zu Ehe. Der Mocca ist nur der Eintrittspreis.

Einladen, aber auch Eingeladenwerden, welche Hölle von Verpflichtungen, Pflichtschuldigkeiten! Vor allem kann der Gastgeber nicht sagen: „So, jetzt gehe ich."

Hand aufs Herz: Ist Zuhausesein schön, angenehm, ideal? Am ehesten in der Nacht. Und damit meine ich gar nicht das Vorhandensein von Familie. Ich meine die störende, konzentrationshemmende Atmosphäre der Wohnung, jeder darf die Türklingel betätigen, jeder darf anrufen. Aber auch die absolute Stille stört. Es gibt – und nun rede ich wieder prodomo – es gibt zuhause soviele Abhaltungen, Ausreden, Pflichten, die uns der wahren Arbeit entziehen. Was man alles lesen, was man alles erledigen, was man alles ordnen müßte!

Im Café findet man soundsoviele Zeitungen, die man durchsieht, das gehört dazu, ist die rechte Einstimmung für die Arbeit (und das kann die Arbeit des Autors, des Journalisten, des Parlamentariers, des Juristen sein). Es ist halb drei, man hat die Zeitung gelesen, man hat vorsorglich für sechs ein Rendezvous in diesem Café verabredet – was bleibt einem anderes übrig? Man arbeitet.

Natürlich kann es sein, daß so ein Stammcafé sich herumspricht. Dann wird man auch dort aufgesucht und angerufen und ermangelt der arbeitsfördernden Konzentration.

Dies geschah mir im „Raimund", das ich täglich gegen zwei aufsuchte, dort eine kleine Konferenz mit dem Redaktionskollegen abhielt, Manuskripte ablieferte, Premierenkarten in Empfang nahm, Umfänge von bevorstehenden Beiträgen fixierte, Anthologien redigierte, von Schauspielern vor ihrer Premiere umschmeichelt, nach der Premiere geschnitten, von verrissenen Regisseuren telephonisch beschimpft, von jungen Kolleginnen und Kollegen um Rat gefragt, von auswärtigen Journalisten und Verlegern aufgesucht wurde – versuchen Sie das alles einmal in einer Wohnung! Aber an ruhige Arbeit war im „Raimund" natürlich nicht zu denken. So verließ ich es, wenn das Berufliche erledigt war.

Man fragte: „Wohin gehst du?" – „Ins Kaffeehaus", sagte ich.

Da war eines, äußerlich unauffällig, in der Dorotheergasse. Dieses suchte ich im Lauf des Nachmittags auf. Dort schrieb ich dann Artikel, arbeitete an Büchern. Es waren schöne, produktive Zeiten, die ich dort verbrachte. Dieses Café war auch eines der wenigen, die noch nach Mitternacht geöffnet waren, ohne Musik und andere störende Attribute des Nachtcafés.

Und einmal waren wir in fröhlicher Kollegen-Runde abends zusammen, die Mitternacht zog näher schon, wir wollten nicht auseinander gehen, da gab ich das stille Dorotheergassen-Café preis. Und so entstand das Hawelka. Nicht nur wir, Milo Dor, Herbert Eisenreich, Reinhard Federmann, Hans Flesch, Jörg Mauthe, Hilde Spiel saßen dort miteinander, auch die Graphiker kamen hin, Kurt Absolon, Kurt Moldovan, auch junge Schauspieler, auch Günter Grass, Henry Miller, wenn sie Wien besuchten, vor allem aber liebte es der große Präzeptor Austriae Doderer, dort mit uns zu sitzen. Dann aber erschienen die Bildreporter und entdeckten die pittoresken Valeurs der Lokalität, es erschienen Bildserien in anspruchsvollen Zeitschriften, daraufhin kamen die Zivilisten, um die Künstler bei ihrem Künstlerleben zu beobachten, und dann blieben wir allmählich fort und räumten den Platz jenen, die Wert drauf legten, von Zivilisten als Künstler betrachtet zu werden. Und ich ging, wenn ich Ruhe brauchte, vom Raimund ins Frauenhuber, Himmelpfortgasse.

Apropos Frauenhuber und Hawelka: In manchen Wiener Kaffeehäusern lebt die uralte Gepflogenheit noch fort, das Lokal nicht auf einen konstruierten, erfundenen Namen zu taufen, sondern ihm den Namen des Besitzers zu geben. Solche Familiennamen lebten im Dobner, im Pöchhacker, im Dank, im Fetzer, sie leben, wie im Frauenhuber und Hawelka, auch im Haag, im Grünwald, im Landtmann, im Einfalt (alter verbreiteter Wiener Familienname), im Sperl, im Zartl.

Hier spätestens muß Friedrich Torberg rühmend erwähnt werden, der Kaffeehausfreund par excellence.

Er kam aus dem amerikanischen Exil nachhause zurück, ich traf ihn am zweiten oder dritten Tag seiner Anwesenheit, und er fragte mich alsbald die entscheidende Frage: „Wo sitzt man nach Mitternacht?"

Das alte Europe am Stephansplatz, das für ihn und mich und viele Freunde bis zum Frühjahr 38 diese Funktion bestens erfüllt hatte, existierte nicht mehr.

„Im Hawelka", sagte ich voll Stolz über diesen wesentlichen Beitrag zu seinem künftigen Leben.

„Das ist ja nur bis zwei offen", sagte er.

Nach einem Jahrzehnt des Fernseins war er höchstens drei Tage wieder in Wien. Aber über die Öffnungszeiten des Hawelka war er bereits informiert.

Die Luft im Hawelka ist alles andere als frisch. Es verfügt über eine Entlüftungsanlage, die aber nach dem Einbahn-Prinzip konstruiert zu sein scheint. Denn im Innern ändert sich nichts, wohl aber schnuppert man in der dort sehr schmalen Dorotheergasse gelegentlich Hawelka-Atmosphäre.

Unweit vom Hawelka aber breitet sich der Widerspruch, die Regelwidrigkeit aus: am Graben (und weiter drüben in der Kärntnerstraße) sind Fußgängerzonen gestaltet worden. Sie sind in der sogenannten schönen Jahreszeit angefüllt von Tischchen, wo man sich bei Kaffeehaus-Konsumation von den Strapazen des Fußgehens erholen kann. Das Bild ist bunt und erinnert an alte Wiener Darstellungen und Aufnahmen. Hier gab es einst das ehrwürdige Graben-Café, das sich auch auf die (damals idyllische) Verkehrsfläche erstreckte.

Auch am Ring, am Rand anderer breiter Straßen, auf Plätzen sind noch Reste der einst zahlreichen sogenannten Schanigärten zu finden.

(,,Schani" ist eine volkstümliche weitverbreitete Abkürzung des Namens Johann, zugleich, wie ,,Jean" im Französischen, ein Gattungsname für untergeordnete Helfer. Noch heute heißt der Parkwächter in Wien ,,Parkschani". Der Schani im Café und im Gasthaus war der Lehrling, der Rangniedrigste des Personals.

Wenn nun die geeignete Jahreszeit anbrach, sagte der Prinzipal: ,,Schani, trag 'n Garten aussi!" – und Schani trug den Garten auf den Gehsteig vor dem Lokal. Dieser Garten bestand aus Holzkisten mit Grünpflanzen.)

Heute sind diese immergrünen Gärten, soweit noch vorhanden, vor allem für auswärtige Besucher attraktiv. Allerdings könnten sie längst auch den wienerischen Anforderungen genügen; denn die Großstadtluft ist so wenig frisch, daß man geradezu aufatmen könnte, wenn man aus ihr in den klimatisierten Innenraum gelangt.

Der Garten ist keine Attraktion, nur eine Zutat zum Wiener Café. Wohl aber sind Billards altehrwürdige, beliebte Bestandteile der Kaffeehaus-Kultur. Ein solches hat Ödön von Horvath in den klassischen ,,Geschichten aus dem Wiener Wald" verewigt.

Gegen entsprechende Gebühr kann man dem edlen Spiel im Café obliegen. Man kann den Herrn Ober auch um Tarock- oder Bridge-Karten oder um ein Schach bitten. Im Hintergrund mancher Lokale gibt es eigene Kartenspielräume mit stoffüberzogenen Tischen. Man bezahlt ein ,,Kartengeld", und dort ist's lockerer, angenehmer, unverbindlicher und vor allem auch billiger als in einem Club.

Und damit ist, endlich, auch die Anwesenheit der Damen im Café zur Kenntnis zu nehmen. Die Kartenspiel-Abteilungen werden bevorzugt von ihnen frequentiert. Auch sonst sind sie als Kaffeehausgäste stets gleichberechtigt gewesen.

Nicht als Personal! Zum authentischen Kaffeehaus gehören Kellner, schwarz gekleidet, gottbehüte nicht Kellnerinnen wie in der Konditorei oder in der Schweiz. Der Herr Ober ist das Oberhaupt, und diese Feststellung wird nur dadurch entwertet, daß man zu jedem Kellner ,,Herr Ober" sagt. Wo die ,,Bäckerei" ein eigenes Ressort darstellt, wird sie von einer Dame serviert. Auch die Garderobe gibt man, wenn man sie abgibt, meist einer Dame. Und die

Café Monopol. Wien 8, Florianigasse 2. Photographie. Um 1935

Verbindung zwischen der Küche und dem Lokal wird gleichfalls durch eine Dame markiert, die den Titel „Kassierin" führt und gelegentlich „Sitzkassierin" genannt wird. Der Ober wird von Stammgästen als Herr, aber beim Vornamen angeredet. Meistens „Herr Franz".

Hier sind strenge Hierarchien aus alten Zeiten bewahrt. Das mag dem Außenstehenden auf die Nerven gehen, ist aber im großen Wiener Zusammenhang ein Erweis von Kraft und Selbstbewußtsein: Der echte Ober serviert nicht, er nimmt nur das Geld entgegen. Er ist, wie gesagt, das Oberhaupt, und sein patriarchalisches Bewußtsein zeigt sich darin, daß man ihn sehr häufig bitten muß, ehe er sich an den Tisch bemüht, um Geld entgegenzunehmen.

Vor Zeiten gab es in Wien die zehnprozentige Trinkgeldablöse noch nicht; man schwankte lange, ob man sie einführen sollte, da sie den Kennern unösterreichisch erschien. Dann führte man sie doch ein – und das Ergebnis war noch viel österreichischer. Man bezahlt jetzt die zehn Prozent und gibt dazu noch ein Trinkgeld.

Die Frauen sind, wie gesagt, als Gäste gleichberechtigt, haben aber ihre bevorzugten Kaffee-Stunden. Wenn die Zeit des Mocca nach Tisch allmählich in die Zeit des Jausen-Kaffees einmündet, vollzieht sich die Umschichtung. Das Lokal wird voller, etwas lauter, vom Hintergrund her ertönt das Kartentisch-Gerede, auch vorwiegend weiblichen Geschlechts, im Hauptraum füllen hohe, intensive Plauder-Stimmen das Lokal, die Freundin redet mit der Freundin übers Essen, über Haushaltsfragen, sie schimpfen über die abwesenden Freundinnen, sie betrachten ausgiebig die Modejournale.

Die Aufzählung der Reize und Annehmlichkeiten des Kaffeehauses ist noch nicht erschöpft. In das reichhaltige Service ist auch Lektüre einbezogen: Im echten Wiener Café findet man die heutigen hiesigen Tageszeitungen, dazu mindestens je eine aus Salzburg, Graz und Linz, dazu etliche ausländische Zeitungen aus der Bundesrepublik, die „Neue Zürcher Zeitung", häufig auch angelsächsische Blätter, einige Wochenzeitungen, dazu ein breites Band vielfältiger illustrierter Blätter, insbesondere Modeblätter.

Rund zwei Drittel der Kaffeehäuser sichern sich zu diesem Zweck die Dienste eines Lesezirkels. Dieser scheint auf den ersten Blick eine antiquierte Institution zu sein, doch weit gefehlt: Der Lesezirkel ist zwar uralt – angebliche Kenner weisen seine Vorläufer schon zur Zeit des dreißigjährigen Krieges nach – doch er erlebte nicht nur eine erste Blüte zu Beginn unseres Jahrhunderts, sondern auch eine zweite in unserer Zeit. Das Kartell österreichischer Lesezirkel zählt etwa zwanzig Mitglieder. Vielerlei illustrierte Blätter sind in die charakteristischen Mappen gespannt, die auch als Werbeträger dienen. Sie werden allwöchentlich von Zustellern ausgetragen beziehungsweise ausgewechselt. Man kann frische, eine Woche alte und so weiter bis zur neunten Woche abonnieren. Kaffeehäuser entscheiden sich für die erste, zweite oder dritte Woche, den Rest bestellen private Kunden.

Doch dieser Vorgang erfaßt nur Illustrierte im engeren Sinn. Modejournale müssen direkt beim Vertrieb bezogen werden.

Ich verstehe nicht, daß es Menschen gibt, die nicht ins Kaffeehaus gehen! Und wenn ich mich im deutschsprachigen Ausland aufhalte, tun mir die Eingeborenen schrecklich leid, denn sie haben, was bei uns die Fülle ist, bestenfalls in Ansätzen. Das Wiener Café scheint kein Ausfuhrartikel zu sein wie das italienische, französische, griechische Restaurant. Mir sind nur zwei regelbestätigende Ausnahmen bekannt, das „Romanische Café" in Berlin, nächst der Gedächtniskirche, das „Odeon" in Zürich – beide sind dahin.

Auch in Wien ging vieles dahin, das Heinrichshof, wo die Operettenautoren saßen, das Dobner, wo die Operettenkünstler saßen, das Bastei, das Schottentor, wo der Dichter Theodor Kramer seine bäuerlichen Verse schrieb und einmal – so geht die Sage – in Gedanken gerufen haben soll: „Herr Ober – eine Pflugschar", das Künstler-Café (in dem keine Künstler anzutreffen waren) beim Liebenbergdenkmal, das Operncafé, das Bristol, das Kaisergarten, das Café Siller am Schwedenplatz, von Doderer verewigt, das Goethe in der Mariahilferstraße, das Wöss, Ecke Alserstraße-Langegasse, das Beethoven, das Haag und Ganauser in der Rotenturmstraße, das Payr, das Fröhlich, das Josefstadt, das Pöchhacker, das Babenbergerhof, das Vindobona, das Rebhuhn, wo es angeblich den besten Kaffee gab – und während des zweiten Weltkriegs meinten Kenner, daß im Rebhuhn auch der Ersatzkaffee besser sei als anderswo . . . es bedürfte homerischer Kraft, den großen Katalog in der gebührenden epischen Eindringlichkeit zu gestalten, eine Café-Nänie, ein Café-Requiem . . .

. . . aber keine Rede von einem Abgesang! Wir trauen um die Ahnen, doch der Lebende hat recht. Und es scheint neben den zahlreichen in Österreichs Ober-, Unter- und Zwischenwelt waltenden Feen, Geistern, Magiern und Genien auch eine besonders mächtige Caf-Fee zu geben, eine gütige und tüchtige Schutzpatronin. Um den Preis kleiner äußerer Angleichungen und Kompromisse (Café-Restaurant, Espresso) läßt sie sich die Bewahrung der Gattung in ihrer traditionsmächtigen Form angelegen sein.

Gewiß, wenn man rigoros sein will, ist das Café-Resturant eine Entartung. Wie weitgehend das Idealbild durch das jeweilige Lokal entstellt ist, das hängt überraschenderweise von der Lüftung beziehungsweise Klima-Anlage ab.

Im Café muß es nach Kaffee duften oder gar nicht. Küchendüfte entweihen die Atmosphäre. Aber es gibt ja auch Restaurants, in denen es nicht nach Essen riecht.

Ist dieses Duft-Problem positiv gelöst, dann mag mittags und abends das Tischtuch den Marmortisch vorübergehend bedecken, man mag dort, zum Vorteil der Einnahmen, warme Mahlzeiten zu sich nehmen. Das Wesentliche ist bewahrt, wenn morgens, vormittags und nachmittags zwei Mocca genügen, um ein paar Stunden so glücklich zu sein, wenn eine entsprechende Zahl von Zeitungen aufliegt . . .

. . . und wenn morgens, vormittags und nachmittags Trinkwasser à discretion zur Verfügung steht.

Eine letzte Leistung unserer Kaffehäuser hab' ich mir als letzte Offenbarung aufgespart. Man bekommt, wenn einem Kaffee, Schokolade, Kako, Tee, auch Cognac, auch eine Schinkensemmel, auch ein Butterbrot serviert wird, auf dem Metalltablett ein Glas Wasser dazu.

Wiener Wasser, dank der vorsorglich von unseren Ahnen angelegten zwei Hochquellwasserleitungen reichlich und in erlesener Qualität immer noch vorhanden, steht im Kaffeehaus selbstverständlich zur Verfügung – und ist die Tasse leer, die Speise verzehrt, wird sie abserviert, doch ein neues Metalltablett wird gebracht, nur auf daß weitere Gläser mit Wasser zur Verfügung stehen!

Die Allgegenwart des Trinkwassers fällt dem Habitué kaum mehr auf; doch sie ist ein – fast möchte ich sagen: erhabenes – Symbol österreichischer Liberalität. Die Herkunft des Brauchs ist mir nicht bekannt – er erinnert mich an das selbstverständliche Recht jedes Anwohners und Durchreisenden, den Brunnen des Dorfs zu benützen.

Es ist so wohltuend, daß man im Café beim Bestellen nicht gefragt wird: „Und zu trinken?", daß man nicht genötigt ist, pflichtschuldig das fatale Mineralwasser zu bestellen, auch wenn man ganz gesund ist oder nicht gesonnen ist, gesund zu werden, oder irgendwelche Erfrischungsgetränke, die man eigentlich nicht leiden kann.

Im Café-Restaurant ertönt die Frage: „Und zu trinken?", wenn Tischtücher aufliegen und auch eine Speisenkarte in Funktion tritt. Abseits der Mahlzeiten aber wird das Wasser in seine angestammten Rechte eingesetzt, und kluge Besitzer belassen auch zur Zeit der Mahlzeiten einige ungedeckte Tische zum Zweck der Café-Kontinuität.

Im Espresso ist die Distanz zum Ur-Café bedeutender. Keine Marmortische! Kleinere Tische! Wenig Freiraum zwischen den Tischen! Keine oder nur ganz wenige Zeitungen! Eine Theke, an der man gleichfalls konsumieren kann, neben Getränken auch gewisse Repräsentanten der Kalten Küche, die dem Ur-Café fremd sind: Schinkenrolle, Mayonnaise-Ei und dergleichen . . . dazu ein reichliches Angebot von Süßspeisen, weit über die „Bäckerei" im Café hinausgehend! Kein Wasser!!

Das Espresso ist ein dehydriertes Kaffeehaus.

Es nähert sich verdächtig der Konditorei.

Die Eiligkeit seines Namens färbt auf die Atmosphäre ab. Gemütlich ist es nicht, das Espresso! Es verhält sich zum Café wie die Hand- zur Maschinschrift.

Kein Mensch hat je gesagt: „Gehen wir schnell ins Café, einen Kaffee trinken!" Im Zusammenhang mit dem Espresso kann eine entsprechende Absicht lautwerden.

Das Espresso ist sachlich, also unösterreichisch. Das bedienende Personal ist mehrheitlich weiblich. Das Espresso ist ein Tageslicht-Lokal. Und ginge er täg-

Das dritte Kaffeehaus im Prater. Photographie von Johann Hoff. Um 1870

lich dorthin: niemand wird von seinem „Stamm-Espresso" sprechen! Und doch: Verachtet es mir nicht! Es ist kein feindlicher, es ist nur ein aus der Art geschlagener Bruder des Cafés.

In England wird man, wenn man Tee und Kuchen konsumiert hat, höflich und unmißverständlich gebeten, zu zahlen und zu gehen. Im Espresso kann man, wie im Café, weilen. Liebespaare siedeln auch hier gern, Studenten erscheinen, diskutieren leidenschaftlich, lernen, allein oder miteinander, für Prüfungen. Aber ich glaube nicht, daß es sich im Espresso dichten läßt, daß man hier Feuilletons oder Satiren schreiben kann. Es gibt ebensowenig ein „literarisches Expresso", wie es einen literarischen Heurigen, einen literarischen Bräu geben kann.

Wohl aber gibt es (ein zweiter Exkurs sei mir gestattet) das „literarische Beisel", eine kleine, unansehnliche Gastwirtschaft, volkstümlich, durchaus nicht anrüchig, ohne viel Komfort, also billig. In einem solchen sitzen Schauspieler gern nach der Vorstellung, sitzen gelegentlich Autoren mit ihnen oder miteinander. Heimito von Doderer liebte ein solches im achten Bezirk, und dieses pflegt pietätvoll sein Andenken.

Das Wort Beisel (oder „Beisl"? – niemand weiß es genau), aus dem Jiddischen auf dem Umweg über die Gaunersprache kommend, hat nichts Abwertendes, ist ein fast zärtliches Diminutivum.

Sein Kaffee-Pendant ist das „Tschecherl", eigentlich „Tschöcherl", ein unansehnliches, gemütliches, populäres Café. Ein großes Beisel ist kein Beis – aber ein nicht so anheimelndes Tschöcherl heißt „Tschoch". und das ist meist ein Café im Bannkreis der Unterwelt.

Auch diese Facette des wienumspannenden Café-Spektrums muß erwähnt sein, das Nacht-Café, wo das Messer locker sitzt und verbotene Spiele gespielt werden, vor allem das autochthone Hasardspiel namens „Stoß".

Verbrecher, Spieler, Schauspieler, Literaten, wir sagten es, haben ihre Stamm-Cafés, aber auch die Müller, die Juwelenhändler, die Buchmacher, die Sportler. Auch die Taxifahrer, hier „Taxler" genannt, stellen ihre Wagen auf den Standplatz und setzen sich in das benachbarte Café. Erscheint ein Mensch suchenden Blicks im Lokal, ertönt der Ruf „Easchta!", der Erste steht auf, zahlt ruhevoll und bequemt sich zu seinem Wagen.

Oft überschneiden sich die Sphären der Klientel. Im alten Savoy, das es nicht mehr gibt, tagte ein Tisch mit Theaterleuten, befand sich aber auch das Clublokal des ehrwürdigen Fußballteams „Austria". Im Raimund, das es noch gibt, steht ein Schauspielertisch (denn ein Theater ist visàvis), stand unser literarischer Tisch, verkehren Richter, Anwälte, Prozeßparteien (denn der Justizpalast ist nebenan), Minister und Abgeordnete (denn das Parlament ist nicht weit).

Am literarischen Tisch saß gelegentlich mein Freund Jörg Mauthe, der damals eine ständige Rubrik „Streiflichter" für eine Wochenzeitung innehatte. Es war an einem jener Tage, an denen die Behörden den Verkauf von Schlagobers untersagt hatten. Einer von uns kam in das Café, und der Herr Ober sagte: „Dort drüben sitzt der Minister T. mit ein' Schlagobers-Kaffee. Das wär' ein Streiflicht fürn Herrn Doktor Mauthe."

Schauspieler und Café gehören bei uns zu einander, mehr noch fast als Literatur und Café.

Wenn ein Schauspieler auf der Probe voraussieht, daß er eine Zeit lang nicht drankommen wird, sagt er dem Inspizienten: „Ich geh' hinüber ins Café". Wird er dann benötigt, ruft der Inspizient oder der Regie-Assistent im Café an, und dann ertönt der Ruf: „Der Herr Stark soll zur Probe kommen."

Demnach befindet sich jeweils ein Café in unmittelbarer Nähe des Theaters. Dort finden sich die Schauspieler auch vor Beginn der Vorstellung ein, und diese Tradition ist weit älter als die Parkplatzmisere. Der rechte Schauspieler will auf jeden Fall schon früher in unmittelbarer Nähe des Hauses eintreffen, um ja den rechten Augenblick nicht zu versäumen. Auch Theaterbesucher geben sich vor der Vorstellung gern in diesem Café Rendezvous.

Ebenso wichtig aber, nicht nur für die Theaterleute, ist das jeweilige Café gleich visavis oder gleich nebenan für das konzentrierte Gespräch. Der Regisseur hat mit dem Bühnenbildner, der Redakteur mit dem Mitarbeiter etwas zu besprechen. Räume wären im Theater, in der Redaktion reichlich vorhanden, aber man sagt: „Komm, gehen wir ins Kaffeehaus." Dort redet sich's besser.

Das Kaffeehaus dient auch, so paradox das klingen mag, dem zeitweiligen Atemholen, der Befreiung von einem Druck.

Am Fleischmarkt befand sich die Wiener sowjetische Zeitung. Drei Freunde arbeiteten dort, höchst unwillig, durch widrige Umstände genötigt, die Gelegenheit zum „Absprung" herbeisehnend. Zwei von ihnen leben nicht mehr: mein Freund Dr. Richard Hoffmann, Redakteur, Literat, Übersetzer, und der Musikkritiker Dr. Dominik Hartmann.

Die beiden und ihr Kollege S. haben so oft wie sonst kein Mensch – allein, zu zweit, zu dritt – im gegenüberliegenden Café Stambul Kaffee getrunken, immer wieder, sei's nur für wenige Minuten, Freiheit zu tanken.

Auch Ärzte zieht es von der Arbeitsstätte sehr heftig in das nahegelegene Café. Meinen Freund, den Professor und Ordinarius, kann ich in seinem dem Institut naheliegenden Café zwar nicht immer antreffen, aber ich kann dort Botschaften für ihn hinterlassen, wissend, daß sie ihn erreichen, und ich kann Einzelheiten über seinen Verbleib erfahren.

Daß einer so oft im Kaffeehaus sitzt, wird ihm nur von krassen Laien als Symptom von Faulheit angelastet. Mein Freund, der Ordinarius, ist einer der fleißigsten Arbeiter, die ich kenne, obwohl er oft sein Café aufsucht. Oder vielleicht eben drum?

Man kommt im Café besser zu einander und besser zu sich. Es ist, in Alfred Polgars klassischer Formulierung, der rechte Ort „für Leute, die allein sein wollen, aber dazu Gesellschaft brauchen". Es ist auch ein Ausdruck der Demokratie: anderswo liest jeder seine Zeitung – hier kann er taxfrei alle vielfältigen Meinungen mit einander vergleichen . . .

. . . und nun gerät mir der Essay unter den schreibenden Händen zur Reportage.

Ich wollte diesen Text in einen großen Appell münden lassen: Rettet, bewahrt das Wiener Café, fördert es, stützt es, helft ihm leben, auf daß es blühe und gedeihe in alle Zukunft.

Doch die Wirklichkeit macht den Appell überflüssig und belehrt mich, daß das Wiener Café deutliche Symptome von Renaissance erkennen läßt.

Ich suchte ein relativ neues Café in der Josefstädterstraße, Wien VIII., auf, um ein wenig zu recherchieren. Ich erfuhr dort, daß sich an dieser Stelle ein schlechtgehendes Gemüsegeschäft befunden hatte, nun aber seit vier Jahren ein prosperierendes Café befindet. Das schien mir ermutigend. Denn in der unteren Josefstädterstraße hatten sich das Josefstadt und das Fröhlich befunden und waren dem Würgegriff der Supermärkte erlegen. Die Schauspieler des Theaters in der Josefstadt waren in das Maria Treu am Piaristenplatz, ausgewichen, werden dort geehrt und verwöhnt, aber die Josefstädterstraße litt an unzureichender Kaffeehausdichte. Auch hat das Maria Treu am Dienstag Ruhetag, so daß die Schauspieler an jedem siebenten Proben- und Vorstellungstag unbehaust gewesen waren. So gab es aber immerhin seit vier Jahren Ersatz für eine der beiden verlorenen Kaffeehäuslichkeiten, und daran rankte sich meine Hoffnung schüchtern empor.

Doch als ich das vierjährige Lokal verließ und die Josefstädterstraße weiter aufwärts ging, sah ich, an der nächsten Ecke schon, wo sich, solange ich denken kann, ein Zuckerlgeschäft befunden hatte, die funkelnagelneue Fassade eines Cafés. Ich trat ein, und siehe: das Personal männlich, in klassischem schwarzen Anzug, ein Spiel-Zimmer, Marmortische, alle Attribute der Tradition.

Zwischen dem Eiles (Josefstädterstraße 2) und dem Hummel (Josefstädterstraße 66) gibt es nun wieder, wie sich's gehört, zwei bedeutende Kaffeehäuser, die ursprüngliche Dichte ist wiederhergestellt.

Ein junges Ehepaar, er ein Managertyp, sie gastwirtschaftlicher Herkunft, hatte über eine Mitgift verfügt. Sie saßen auf der Hochzeitsreise am Markusplatz in Venedig, bewunderten die dortigen blühenden Cafés und beschlossen, die gute alte Wiener Tradition neu zu beleben. Sie fanden ein Lokal, suchten einen jungen Architekten und verpflichteten ihn zur Konservativität. Sie gingen in ihrer Freude am Hergebrachten so weit, daß sie für ihr Lokal in modo antico keinen Namen wie „Cafè Josefstadt" oder „Strozzihof", sondern ihren Familiennamen wählten. Sie halten bis Mitternacht geöffnet.

Nostalgie à la mode? Reaktionäre Extratour ewiggestriger Außenseiter? Ich glaube nicht!

Mir will scheinen, als würde das Wiener Telephonbuch zwischen Käferböck und Kafka bald weiteren Zuwachs bekommen.

Spielzimmer in einem Wiener Kaffeehaus. Photographie. Um 1890

Psychogramm einer Wiener Institution

Café Parsifal. Ein typisches Jahrhundertwende-Kaffeehaus der Inneren Stadt mit zwei Fronten, das sich in der Walfischgasse befand. Photographie. Um 1890
Gegenüberliegende Seite: Wiener Kaffeehausatmosphäre. Photographie von Friedrich Hermann. Um 1930

Du hast S o r g e n , sei es diese, sei es jene — — — ins K a f f e e h a u s !
Sie kann, aus irgendeinem, wenn auch noch so plausiblen Grunde, nicht zu dir kommen — — — ins K a f f e e h a u s !
Du hast zerrissene Stiefel — — — K a f f e e h a u s !
Du hast 400 Kronen Gehalt und gibst 500 aus — — — K a f f e e h a u s !
Du bist korrekt und sparsam und gönnst dir nichts — — — K a f f e e h a u s !
Du findest keine, die zu dir paßt — — — K a f f e e h a u s !
Du stehst i n n e r l i c h vor dem Selbstmord — — — K a f f e e h a u s !
Du haßt und verachtest die Menschen und kannst sie dennoch nicht missen — — — K a f f e e h a u s !
Man kreditiert dir nirgends mehr — — — K a f f e e h a u s !
Peter Altenberg. Kaffeehaus. 1918

Du kannst zehnmal vergebens nach der Wohnung eines Wieners gehen, mit dem du Notwendiges zu sprechen, kennst du aber sein Kaffeehaus, so triffst du ihn sicher.
Adolf Glassbrenner. 1922

Für das gesellschaftliche und theilweise auch für das geschäftliche Leben von Wien sind die Kaffeehäuser von der höchsten Bedeutung. Namentlich in den Nachmittagsstunden vollzieht sich in denselben ein nicht unbedeutender Theil des Verkehrs, und das „Stamm-Kaffeehaus" ist ein Zusammenkunftsort, welcher ebensogut den geselligen Neigungen und Liebhabereien (Karten-, Billardspiel, Schach etc.), als durch Zeitungs-Lecture und Meinungsaustausch den geistigen oder geschäftlichen Interessen dient. Die Wiener Kaffeehäuser haben in der Cultur- und Literaturgeschichte, sowie in dem politischen Leben der Stadt stets eine wichtige Rolle gespielt, sind ein unentbehrliches Bedürfniss ganzer Bevölkerungsclassen und stehen in Bezug auf das Gebotene daher auch auf einer anderwärts kaum erreichten Stufe.
In den Kaffeehäusern, deren es dermalen im Polizei-Rayon über 600 giebt, wird Kaffee: „Schwarzer", „Melange" oder weisser, mit Milch oder Obers (Sahne) gemischt, „Kapuziner" (Kaffee vor der Milch überwiegend), Thee, Chocolade, „Gefrornes" (Eis, Glace), Liqueure, Bavaroise, Sodawasser, in einzelnen wohl auch Bier etc. servirt. – In den besseren Kaffeehäusern liegen sämmtliche in Wien erscheinende Zeitungen in einem oder mehreren Exemplaren und auch die wichtigsten Provinz- und ausländischen Journale auf, ja eines derselben, das Café Central (W. Prückl), I., Herrengasse 14, steht in dem übrigens wohl nicht ganz wörtlich zu nehmenden Rufe, seinen Besuchern alle europäischen und viele überseeischen Zeitungen zu bieten.
Es ist üblich, bei Berichtigung der Zeche dem Marqueur oder dem Zahlkellner ein Trinkgeld zu geben, welches für den ersteren 2 bis 5 kr., für letzteren je nach Grösse der Zeche und der in Anspruch genommenen Mühewaltung 2 bis 20 kr. betragen mag. Dem übrigen Personale ein Trinkgeld zu reichen, ist, den Fall besonderer Dienstleistungen ausgenommen, nicht üblich.
MORIZ BERMANN. FÜHRER DURCH WIEN. 1885

Das Kaffeehaus ist von Wien aus als „Wiener Café" in die Welt gegangen. Es ist für den Wiener nicht bloß Erfrischungs- oder Speiseraum – man bekommt da selbst auch Schinken, Eier, Kuchen – sondern auch Salon für gesellige Unterhaltung und Spiele: Karten, Billard, Schach; es ist für Viele auch Lesekabinett und Geschäftsstelle. Man findet daher im Kaffeehaus eine stattliche Menge Zeitungen, Monatschriften, Broschüren, Hilfsbücher: Adreßbücher, Kalender, Fahrordnungen, Nachschlagebücher, insbesondere Konversationslexika. Auch eigene Schreibtische stehen zuweilen bereit und die letzten Kurszettel der Börse sind ausgehängt. Es gibt Kaffeehäuser in Wien, die Tausende von Kronen für Zeitungsbezug aufwenden. Auch das kleinste Kaffeehaus muß Zeitungen bereithalten. Die Kaffeehäuser, von denen viele „Vorgärtchen" haben, d. i. Plätze mit einigen Bäumen in Kübeln auf der Straße, sind am meisten morgens zum Frühstück, nach Tisch zum Nachmittagskaffee und abends nach den Theatern und Abendmahlzeiten besucht. Man trinkt „Melange", Kaffee mit Milch in Glas oder Schale, oder zum Selbstmischen eine „Portion"; „Braunen", „Kapuziner", „Schwarzen" in der Schale. Sommers ist das Eis, das „Gefrorne" vielbegehrt, dazu „Hohlhippen", ein Gebäck.
Es gibt in Wien sehr schön und reich, oft künstlerisch ausgestattete Kaffeehäuser, besonders im I. und II. Bezirk.
WIENER CICERONE. 1908

Das Kaffeehaus ist dem Wiener nicht bloß die Stätte der Zerstreuung und des Vergnügens, sondern dient fast allen Berufsclassen des besseren Mittelstandes direkt oder indirekt zu geschäftlichen Zwecken. Hier findet er die Journale und Zeitschriften der ganzen Welt, hier trifft er Geschäftsfreunde und Kunden, macht in zwangloser Art neue Bekanntschaften, empfängt frische Anregung – gibt es doch Kaffeehäuser, in welchen täglich direkte Geschäfte um enorme Summen abgeschlossen werden und andererseits in gewissen Branchen Kaufleute und Agenten, denen das Kaffeehaus Comptoir und Markt ersetzt. Allerdings bietet das Kaffeehaus mit seinen vorzüglichen Billards, seinen einladenden Spieltischen auch jenen ein freundliches Asyl, welche, des häuslichen Herdes entbehrend oder auch von der Alltäglichkeit abgespannt, durch einige Stunden Geist und Körper erholen wollen. In keiner anderen Stadt der Welt wird der Stammgast so verwöhnt und verhätschelt als in Wien; die solide Eleganz der Räume, die vorzügliche Qualität des Gebotenen, die Möglichkeit eines Comforts, welchen die beschränkte Häuslichkeit nicht bieten kann – kein Wunder, daß dieser Magnet nicht nur auf Männer, sondern an Sonn- und Feiertagen auch auf Frauen mächtig einwirkt, deren liebliche Erscheinungen den Reiz der Kaffeehausatmosphäre gewiss nicht abschwächen.
JUBILÄUMSFÜHRER DURCH WIEN. 1898

Gespräch zwischen Stummen. Wiener Werkstätte-Postkarte von Moriz Jung. Um 1910
Gegenüberliegende Seite: „Limonadezelt" des auf den Tuchlauben noch heute existierenden
Café Korb auf dem Graben/Ecke Kohlmarkt. Photographie. Um 1900

Auf die Frage Wo? steht in Wien das Kaffeehaus. Wo spreche ich dich? — Im Kaffeehaus! — Wo werden wir heut' nach Tische sitzen? — Im Kaffeehaus! — Wo hole ich Sie mit dem Fiaker ab? — Im Kaffeehaus! Weiß der Wiener nichts Besseres, sei es Morgen, Mittag, Abend oder Nacht, so trinkt er Kaffee; hat er eine Gardinenpredigt anhören müssen, so trinkt er Kaffee; plagen ihn die Gläubiger, und weht ihn endlich die Langeweile mit ihrem giftigen Odem an, so geht er schnell ins Kaffeehaus, läßt sich ein Glas „Melange" geben, stopft sich ein Meerschaumpfeifchen, plaudert oder liest Journale, spielt Whist oder Billard, Tarock, Piquet, Preference, Schach oder Domino, und die Langeweile mag überall ihre Opfer finden, in Palästen und Hütten, in Theatern und Kirchen, in den Pariser Salons wie in den Berliner ästhetischen Tees; durch die Glastüren eines Wiener Kaffeehauses dringt sie nie!
Adolf Glassbrenner. 1922

Mancher strebsame junge Mann hierzulande, der für die Bildung seines Genius etwas tun wollte, hat seine Laufbahn damit begonnen, daß er sich zunächst das geeignete Café aussuchte.
J. A. Lux. 1922

Café Schönbrunn, eines der vielen Vorstadt-Kaffeehäuser von annodazumal. Wien 12, Schönbrunner Straße. Photographie. Um 1910

Wien war stets die Stadt der Kaffeehäuser. Hier bedeutet ein solches Lokal einen geselligen Mittelpunkt wie der Klub in anderen Ländern. Fast in allen großen Städten findet man Gaststätten mit der Aufschrift „Wiener Kaffeehaus". Sie erinnern aber nicht im entferntesten an diese Wiener Spezialität. Eine Schwalbe macht keinen Sommer und ein Schild kein Wiener Kaffeehaus.
Rudolf Sieczynski

Das Kaffeehaus ist der Klub des Wieners — ein idealer Klub ohne Statuten, ohne Affären, ohne Ehrengericht. Jeder kann von der Straße hereinkommen. Dem Schicksal steht die Tür des Kaffeehauses offen — es kann jeden Augenblick daherkommen: Der Mann, der die Wendung ins Leben bringt — die gute oder die böse —, der Verführer, der Wohltäter, der Mann mit dem großen Geschäft, das einen heraushebt; denn Geschäfte werden in Wien im Kaffeehaus gemacht wie in Italien oder im Orient. Wenn die Gattin ihrem Mann vorwirft, daß er seine ganze Zeit im Kaffeehaus vertrödelt, dann sagt er seufzend: „Ich arbeit' im Kaffeehaus mehr als ein anderer in seinem Geschäft."
Das muß nicht, aber es kann wahr sein.
Otto Friedländer

Das Kaffeehaus ist der Klub des Wieners.
Photographie von Otto Skall. Um 1930

Man kann allein sein, ohne sich allein zu fühlen — das ist dem Wiener die liebste Form der Geselligkeit... Man kann reden, wenn man Lust dazu hat, man kann aber ebenso die Zeitung vor die Augen halten, wenn das Gespräch einen langweilt, und niemand ist da beleidigt. Das ist jene Formlosigkeit, die der Wiener zu seinem Behagen braucht. Und es ist ruhig im Kaffeehaus — man hört nichts als das freundliche Geklapper der Billardkugeln und der Dominosteine, das Klirren der Kaffeetassen, das Aufschlagen der Tarockkarten und nur gelegentlich ein paar erregte, laute Worte, die einem gelungenen oder mißlungenen Pagat ultimo nachgerufen werden. Gespräche werden nur in gedämpftem Ton geführt.
Otto Friedländer

Aber man sitzt b e i s a m m e n, und vergißt i n f o l g e d e s s e n mechanisch für einige Stunden seine zahlreichen Enttäuschungen, Unannehmlichkeiten, u n n ö t i g n ö t i g e n Verlogenheiten des Tages und der Stunde, man ruht aus von den Strapazen des Lebens, das überhaupt nämlich schon mehr fast k e i n e s ist!
Peter Altenberg. 1919

Die Bestimmung dieser Häuser hat sich seit ihrer ersten Entstehung unendlich weiter ausgedehnt. Man trinkt nicht bloß Kaffee darin, man nimmt Tee, Schokolade, Punsch ... Man studiert, man spielt, man plaudert, schläft, negoziert, kannegießert, schachert, wirbt, entwirft Intrigen, Komplotte, Lustpartien, liest Zeitungen und Journale usw.
Johann Pezzl. 1786

Das Wiener Kaffeehaus steht nicht nur einzig in seiner Art da, es ist auch das Einzige, was man so wenig nachahmen kann, wie die ungarischen Husaren. Ja, es gibt englische und preußische Husaren auch, wie es französische, italienische und deutsche Kaffeehäuser gibt; allein es sind eben keine echten Husaren und keine wahren Kaffeehäuser, denn der Ungar ist ein geborener Husar und der Wiener ist ein Kaffeehaus-Mensch, und der schwächste echte Kaffee ist mir lieber als das stärkste Surrogat.
Jean Charles. 1840

Der Kaffee ist das Unwesentlichste von allen Dingen, die zu einem richtigen Kaffeehaus gehören. Man kann getrost behaupten, daß unter hundert Besuchern dieser Bildungsanstalten kaum zehn sind, die von dem Drange nach dem unentbehrlichen Schälchen hingeführt werden. Die übrigen Neunzig gehen hinein, weil — weil — ja, warum denn?
Warum?!
Nun, wohin soll man denn sonst geh'n? Wo soll man sein „Lesebedürfniß" befriedigen? Wo soll man die „wichtigsten" Neuigkeiten erfahren? Wo soll man seine Bekannten treffen? Wo soll man Billard oder Tarock spielen? Wo soll man seine Zeit todtschlagen? Und schlägt man sie nicht todt, ja, um Himmelswillen, was soll man mit diesem lästigen Ueberfluß an Zeit denn anfangen?
Edmund Wengraf. 1891

Im Café gibt es keinen Geist, keine Laune, kein Wissen. Dort regiert einzig und allein Majestät Spleen.
Das Café tötet die Freundschaften und die Feindschaften, ein demoralisierendes Nebeneinanderhocken, eine traurige Kameradschaft im Schwachsinn.
Im Café handelt niemand, aber jeder spricht.
Berthold Viertel. 1908

Als ich Student war, glich noch jedes Wiener Café, wenn auch mit etwas verrauchten Zügen, auffällig einer platonischen Akademie. Das ist gar nicht spöttisch gemeint: die Wiener Begabung, in losen Gesprächen den geringsten Anlaß, irgendein hingeworfenes Wort, den Doppelsinn irgendeiner Wendung plauschend zu benützen, um daran unmerklich bis zu den letzten Fragen emporzuklettern, freilich nur, um droben dann dem über Leben und Tod entscheidenden Problem geschwind einen sublimen Nasenstüber zu geben, ist ohne den Hintergrund einer großen Kultur undenkbar, einer Kultur von solcher Tiefe, daß sie sich zuletzt auch ihrer eigenen Fragwürdigkeit bewußt geworden und freilich des unbesonnenen Vertrauens zu frischer Tat nicht mehr fähig ist.
Hermann Bahr. 1923

Café Sperl, eines der ältesten noch existierenden Wiener Kaffeehäuser. Photographie. Um 1900

Genreszene mit Sitzkassierin, Marqueuren und Billardspielern. Café Wien.
Wien 8, Alserstraße 15. Photographie. Um 1900
Gegenüberliegende Seite: Café Weghuber. Wien 7, Neustiftgasse. Photographie. Um 1910

Das Kaffeehaus ist das Laster des Wieners. Es gibt in Wien wenige Alkoholiker und noch weniger Morphinisten, aber viele tausend Kaffeehaussüchtige. Im Kaffeehaus verfliegt die Zeit. Man spielt dort Karten und Billard, man liest Zeitung, man raucht eine Zigarette, man plauscht, man schreibt Briefe, man trifft sich da mit den Leuten, die so interessant sind, daß man sie nach Hause nie einladen könnte. Wenn man in Wien einen Bekannten geringschätzig beschreiben will, so sagt man: eine Kaffeehausbekanntschaft. In das Kaffeehaus flüchtet man vor der Familie, vor den Frauen, nach den Frauen ...
Otto Friedländer

An weiblichen Wesen war bisher in den Kaffeehäusern namentlich seit den Zwanzigerjahren nur die meist viel umworbene Kassierin als einzige unbestrittene Vertreterin zu sehen. Fast in allen Kaffeehäusern (dies pour la bonne bouche gesagt) führen die Frauen vom Hause oder hübsche Mädchen die Rechnung am Büffet, immer umduftet von zahlreichen Schmetterlingen, die nach der Gegenliebe Honig lechzen.
Jean Charles. 1840

Ein vollkommen neues Element im Wiener Kaffeehausleben, das damit eine ganz andere Gestaltung bekam, ergab sich aber aus dem Hinzutritt der Damenwelt. Bis 1840 wäre eine Frau in einem Wiener Kaffeehaus eine glatte Unmöglichkeit gewesen.
Gustav Gugitz

Historischer Abriß (1683–1890)

Das „erste Kaffeehaus" in Wien. Partie am Donaukanal mit der von den Erben Kolschitzkys um 1700 an die Schlagbrücke beim Rotenturmtor verlegten Kaffeehütte. Xylographie

Die Geschichte Wiens erzählt, daß ein Spion namens Kolschützky, ein Pole von Geburt, wegen seiner Verdienste um die Kaiserstadt das erste Kaffeehaus in derselben erhalten habe.
Adolf Glassbrenner. 1922

Der Kaffee ist seit dem Jahre 1683, nach der zweiten Türkenbelagerung, das Lieblingsgetränk der Wiener geworden, und noch zu jeder Stunde des Tages schlürfen sie ihn mit einer Wollust hinunter, als seien sie eben von dem glücklichen Feldzuge gegen die bunten Barbaren heimgekehrt. Das Kipfel, ein wohlschmeckendes Gebäck, wie ein türkischer Säbel geformt, erhöht noch die Illusion, und den Wiener kann die kleinste Illusion glücklich machen. Das wissen die Machthaber und machen ihn ungeheuer glücklich; sie wälzen ihn aus einem Genuß in den andern, bis ihm in einem leichten Rausche der Himmel voll Geigen hängt.
Adolf Glassbrenner. 1922

Oben: Kolschitzkys Kaffeeschank im ehemaligen Schlossergassel bei St. Stephan. Xylographie. Gegenüberliegende Seite: Denkmal Franz Georg Kolschitzkys von Erwin Pendl (1885). Wien 4, Ecke Favoritenstraße/Kolschitzkygasse. Photographie von Bruno Reiffenstein. Um 1910

Straßenverkäufer mit Kaffee. Stich von Christoph Weigel. Um 1720

Die Überlieferung will, daß wir in Wien in Franz Georg Koltschitzky (Kulczycki), einem Raizen aus dem südungarischen Städtchen Zombor, jenen Mann zu erblicken hätten, der uns als erster mit dem Trank der braunen Bohne vertraut machte. 1683 ging er während der Türkenbelagerung Wiens, der türkischen Sprache mächtig, als Kundschafter durch das Feindeslager und leistete dadurch den Belagerten wesentliche Dienste. Zur Belohnung wäre ihm nach der Besiegung des Türkenheeres aus den im Lager erbeuteten Kaffeevorräten eine gewisse Menge und die Bewilligung zuteil geworden, in Wien ein – das damals erste – Kaffeehaus zu eröffnen. Traditionen enthalten wohl immer einen Kern von Wahrheit, aber üppig von holder Sage umrankt.
GUSTAV GUGITZ

Nach der Belagerung Wienn hat ein gewisser Griech Nammens Theodat, welcher in Zeit der Belagerung alle Brieff aus- und eingetragen, zur Billichen Belohnung die freyheit erhalten, den Caffée in einem offenen Gewölb ausschäncken zu mögen;
Disem Vorbild giengen einige andrer griechen nach, welche sich in wehrendem Türcken-krieg auf gleiche weise verdienstlich gemachet, also zwar, daß unter Weyl. Kayser Leopoldo glorwürdigsten andenkens im Jahr 1700 das erste Privilegium, den Caffée offentlich auszuschäncken an vier griechen ausgefertiget wurde;
Gleichwie aber dieses Privilegium keine Privativ-gerechtigkeit in sich hielte, als wurde nach und nach an teutsche Leuthe das Burgerrecht auf den Caffée-schanckh ertheillet; Biß endtlichen im Jahr 1714 die burgerl. Caffée-sieder das fernerweithe Privilegium erhielten, daß in allem mehr nicht als eilff burgerl. Caffée-sieder seyen und dise allein den Caffée offentlich auszuschänkken das recht haben sollen.
HOFKOMMISSIONSGUTACHTEN AN MARIA THERESIA. 1747

Vierttens, Sollen zu fortsezung ihres Gewerbes obberührte Eilf Burger, und nach ihnen ihre Nachkomben allein, und Niemand anderer befuegt seyn, Thee, Caffe, Schogoladi und derley Sorbeten zum Verkauff zubrennen, oder gebrenter zuverkauffen, weniger noch zukochen, und zu conficiren, gekochter in offentlichen Gewölbern, samt allen darzue erforderlichen Appertinentien, durch sich, oder ihre darzue bestelte dienst Leüth zuverkauffen, inn- und außer Marcktszeiten vor- und in der Statt fail zuhaben, bey welcher freyheit sie jederzeit sollen geschuzet, und kein anderer mehr, wie im Ersten Articul enthalten, über diese zahl angenohmen von ihnen Eilf Burgerlichen Caffe-Siedern jederzeit guet- und gerechte Wahr bey verlust des Handls und noch absonderlicher Straff außgegeben und gemacht werden.
PRIVILEG DER KAFFEE-SIEDER VON KARL VI. 1714

Es ist also wohl bezeugt, daß die Einführung des Kaffeegenusses in Wien mit auf jene sogenannten ,,Raizen" und andere Orientalen zurückgeht, die sich bei der Belagerung Wiens Verdienste erwarben, wie jener Theodat und unter anderen der raizische Orientwarenimporteur Koltschitzky, der aber durchaus nicht der einzige und erste gewesen sein muß, der ein Kaffeehaus in Wien eröffnete, aber jedenfalls unter den ersten derjenige, der auch dank anderer persönlicher Eigenschaften seinen Namen auf die Nachwelt zu bringen wußte.
GUSTAV GUGITZ

Als man aber mit dem Erb-Feind den Frieden geschlossen und die Barbarische Nationen eine Gelegenheit gefunden in Teutschland einzunisten, da haben sie also bald angefangen ihre Kräm auszulegen, Feur-Oefen aufzubauen und denen einfältigen Teutschen ein Asiatisches Getränck mit Beyhülf des edlen Wassers zu praepariren, also daß, wo vorhin nur ein Caffée-Haus gewesen, man jetzt fast in allen Gassen und Ecken einen gemahlenen Türkken und ein Kohlfeur heraussen sihet, womit die durch fressen und sauffen angefüllte teutsche Wänste ihre überladene Mägen entweder besser oder aber ärger machten.
JOH. VAL. NEINER. 1734

Und gleichwie Thée, Caffée und Chocolate nunmehro durch gantz Europa nur allzu bekannt und im Gebrauch und Schwange ist, also findet man allhier biß an die dreyßig Caffé-Häuser, allwo man auch allerhand Sorten kühlende Wasser und Liqueurs verkaufft und sich mit Billard-Spielen divertiren kan. In solchen trifft man gemeiniglich die Nouvellisten an, oder diejenigen, so sich um die Zeitungen bekümmern, die Gazetten lesen, darüber discouriren, und allda von Krieg und Frieden deciriren.
J. B. KÜCHELBECKER. 1730

Der Kaffeesieder. Stich von Jakob Adam. Um 1800

Es sind zu Wien dermalen nur etwa 3 Coffee-Häuser, welche mehrentheils besucht werden. Das eine ist bey der St. Stephans-Kirche, das andere ist hinter dem schwarzen Elephanten beym Graben und wird gemeiniglich das Cramersche Coffee-Haus genennet, das dritte ist beym Schönbrunn, oder ohnfern der St. Peterskirche. – Gleichwie zu Wien das Tobackrauchen überall nicht im Gebrauch ist: so wird auch in keinem Coffee-Hause dieses gestattet. – Die Portion Coffee mit Zucker und Milch kostet 3 Kreuzer, ein Becher Schokolade kostet 7 auch 10 Kreuzer; man hat dabey ein Brod von sehr feinem Mehl, ein Gipfel genannt, dafür man 1 Kr. bezahlt. – Thee wird sehr wenig in Wien getrunken. Welchen man noch bekommt, ist mit Citronen-Schalen und Caneel verdorben und wird aus Coffee-kannen eingeschenket.
J. P. WILLEBRANDT. 1761

Unter den Kaffeehäusern ist ein gelehrtes Kaffeehaus, das Kramersche in der Goldschmiedsgasse nahe am Graben. Hier in dieser Spelunke, wo man am hellen Tage in der Finsternis sitzt, bekommt man gelehrte Zeitungen zu lesen. Vielleicht ist die Finsternis Ursache, daß sich die Lesenden auf die Straße heraussetzen und auf kleinen Tischchens ihren Kaffee vor sich stehen haben.
PH. L. H. RÖDER. 1789

Das berühmte Kaffeehaus für Zeitungsleser ist das Kramersche im Schlossergassel. Aber ich hatte nach dem ersten Besuch schon genug davon. Da brennen auf jedem Tisch von Morgens bis Abends zwei Lichter, vor denen man die Zeitungen studiert. An Tageshelle ist hier gar nicht zu denken.
J. N. BECKER. 1792

Unter die öffentlichen Anstalten zum Vergnügen der Fremden gehören unstrittig die Kaffeehäuser in Wien, unter welchen sich vorzüglich auszeichnen das Milanische und das Kaffeehaus auf der Hauptmaut. In beiden findet man eine Reihe von Sälen, meist von Marmor, mit kostbar gemalten Spiegeln und Pendulen geziert. Alle Gäste werden in Silber serviert, ihre Anzahl gehet oft an dreihundert von allen erdenklichen Nationen und von jedem Range, vom Erzherzog an gerechnet. Hier findet man alle Zeitungen und in allen Sprachen, die lateinische und griechische mit eingeschlossen. Die ersten Kunstbillardspieler spielen hier um hohen Einsatz. Um das Billard stehen dann Fürsten und Grafen, Generale und Subalternoffiziere und Fremde vom Stande, die unter sich über das Spiel des Künstlers große Wetten machen.
JOH. B. FUCHS. 1779

Unter den Kaffeehäusern sind zwei vorzügliche, das Kaféhaus Milani und das bei der Hauptmaut. Das Eintrittszimmer des ersten gleicht einem Spiegelkabinet, denn es sind dreißig Spiegel in demselben aufgehängt. Dieses Kaféhaus ist den ganzen Tag mit Menschen angefüllt . . . Der Kafé ist äußerst wohlfeil und deswegen auch, wie leicht zu vermuten, äußerst schlecht. Zwo Tassen mit Zucker und Obers, wie sie hier die Sahne heißen, kosten vier Kreuzer und mit Milch drei Kreuzer.
PH. L. H. RÖDER. 1789

Darauf sind wir in ein Kaffeehaus gangen, das ist eigens aufgericht worden, damit sich d'Leut, die kein Ofen und kein Holz z'Haus habn, warmen können. Wenn der Herr Vetter da ein Kaffe oder Tschokoladi trinken will, so muß der Herr Vetter erst bitten, daß d'Herren, die sich da warmen, dem Herrn Vettern Platz machen. Aber einige müssen gar sehr erfroren seyn; denn wie ich und der Herr Vetter Kafe trunken habn, so haben sie sich mit den Hintern auf unsern Tisch gsetzt und habn sich am Kafedunst gwarmt.
EIPELDAUERBRIEFE. 1785

Man darf zu allen Zeiten des Tages in die Kaffeehäuser und im Sommer in die Kaffeegärten gehen, so findet man beständig eine Menge Menschen, die sich mit Nichts beschäftigen. Die Kaffeehäuser sind auf italienische Art im Erdgeschoße und man gehet wie in einen Laden von der Straße hin (Bottega di Caffé). Eine überaus große Menge einzelner Leute frühstücken auf dem Kaffeehause oder lassen sich Jahr aus, Jahr ein, ihr Frühstück vom Kaffeehause aufs Zimmer bringen. Der Menschen, die aus einem Kaffeehause ins andre, von einem Spaziergang nach dem andern gehen, sind eine unglaubliche Menge.
FRIEDRICH NICOLAI. 1781

Ansicht des Kaffeehauses Hugelmann an der Schlagbrücke in der Leopoldstadt.
Stich von C. Schütz

Heut zu Tage zählt man in der Leopoldstadt 10 Kaffeeschenken, von welchen jene 6, welche an dem Donaukanal liegen, am meisten besucht werden und daher auch die berühmtesten sind. – Das erste, rechts zum Hugelmann und das dritte, rechts zum Jüngling genannt, haben wegen ihrer Lage an der Straße nach dem Augarten und dem Prater den größten Zuspruch und sind der Sitz von In- und Ausländern, von denen man auch alle Vorfälle im Aus- und Inlande erfährt. Vorzüglich gewährt der Sitz auf dem freien Platz das Angenehme, daß man allen nach dem Augarten Fahrenden und Gehenden in das Gesicht sehen kann. Aber deswegen mangeln den übrigen Kaffeeschenken die Gäste nicht, denn jedes derselben hat seine besonderen. Von einem sind die Türken, Negozianten und Juden, von einem anderen die Spieler und Raisonneurs, vom dritten die Fischer, Pferdehändler, Schiff- und Fuhrleute die Besuchenden. Überhaupt ist jedes eine Schule vom Tabackrauchen und Spielen.
ALOIS VON BERGENSTAMM. 1812

Mein Lieblingskaféhaus wurde das Hugelmannische an der Leopoldsbrücke wegen der Türken, die in der Nähe ihr Wesen hatten, der Griechen und Raitzen, des Donauschiffswesens und der Bäder.
C. J. WEBER. 1834

Dieses Hugelmannsche Kaffeehaus kann ich nicht unerwähnt lassen. Dieses liegt hart an der Brücke, worüber man aus der Stadt kömmt, links am Wege nach dem Prater, und hat den ganzen Tag eine große und unterhaltende Frequenz. Es ist freilich nicht prächtig, aber doch groß und hell und auch die obere Etage ist zu demselben Gebrauch eingerichtet. Die Bedienung ist gut und schnell, aber eben darum die unterhaltendste. Hier und in dem gegenüberliegenden findet man viele Griechen und Raizen und Fremde, die aus Ungarn kommen oder dahin wollen; ich glaube auch, hier die einzige ungarische Zeitung gesehen zu haben, die in Wien gehalten wird. Wenn man vollends an die Lebhaftigkeit auf der Brücke, dem Strom und den beiden berühmten Straßen des Vergnügens denkt, so zieht man dieses Kaffeehaus allen selbst in der Stadt vor.
E. M. ARNDT. 1804

Man reiste zu Hugelmann, um zuzuschauen . . . Ungarische Marköre spielten vortrefflich, machten drei Partien auf einen Stoß aus mit den ersten enormen Bällen.
Bei Hugelmann war die Universität des Billardspieles.
FRANZ GRÄFFER. 1845

Kaffeehaus Jüngling in der Leopoldstadt. Stich von Alexander von Bensa

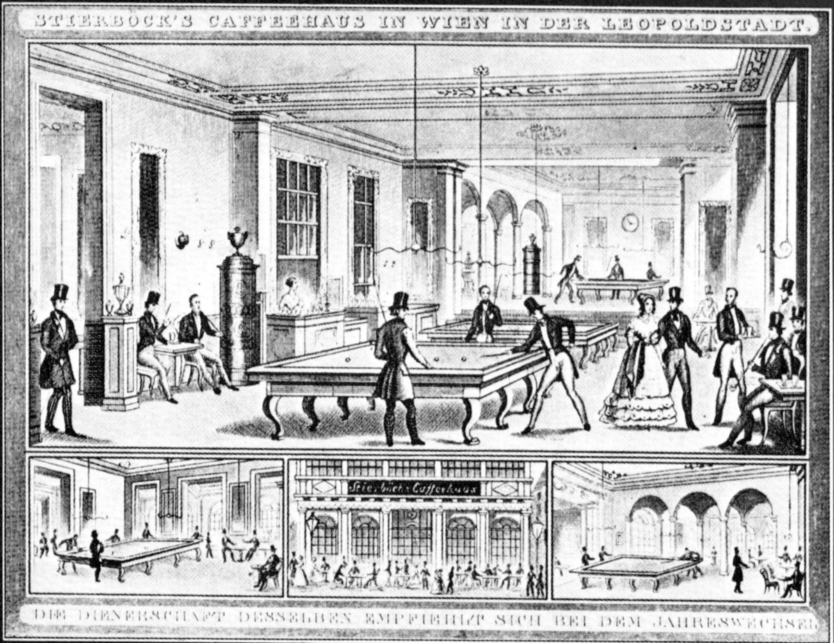

Billard! Ha, welch ein Elefant!
Diese massiven Füße mit dicken Querbalken verbunden; die ganze ungeheure Maschine am Boden angeschraubt, daß sie ja nicht entwische. — Billard!
Franz Gräffer. 1845

Oben: Kaffeehaus Stierböck in der Leopoldstadt. Neujahrskarte. Unten: Jüngling's Kaffeehaus an der Donau. Unbezeichneter Stich in den Eipeldauerbriefen. 1820

Ein Künstlerrefugium, allerdings in bescheidenster Aufmachung,
aber so ganz im Sinne des alten Wien,
das so schummerige Höhlen liebte, war auch das Kaffeehaus des Karl Bogner,
Ecke der Singerstraße und der Blutgasse...
Dort fand sich von 1826 bis 1828 eine Künstlertafelrunde ein,
der keine geringeren als
Franz Schubert, Schwind, Bauernfeld, Joh. Mayrhofer, Feuchtersleben,
Franz Lachner, Ferd. Sauter und Wilh. Chezy
angehörten und die sich dort täglich zwischen 5 und 7 Uhr abends trafen.
Gustav Gugitz

In den drei Zimmern dieses Kaffeehauses verkehrte zwar eine sehr gemischte Gesellschaft,
aber in der Hauptsache doch Maler.
Man sah in dem ersten die Gebrüder Decker, Brunner,
Cramolini, das Urbild des Prassers, bisweilen Pettenkofen.
Im letzten saßen
Danhauser, Raffalt und der Musikenthusiast Graf Laurencin.
Ein Gast, der selten vorsprach, dessen Erscheinen
im Kaffeehaus Leibenfrost aber immer Interesse erregte, war Rudolf von Eitelberger.
Gustav Gugitz

Schmierer's Kaffeehaus. Unbezeichneter Stich aus den Eipeldauerbriefen. Um 1810

Die Unternehmungen im Paradeisgartl und im Volksgarten
wuchsen sich zu den tonangebendsten in der Wiener Gesellschaft aus
und wurden als solche
kaum wieder durch etwas Ähnliches erreicht.
Bei den sogenannten Donnerstagreunionen im Paradeisgartl versammelte sich
eine zahlreiche und ausgewählte Gesellschaft in diesem reizenden,
die Blüte Alt-Wiener Geselligkeit umfassenden Lokal, das auch bei
bösem Wetter behaglichen Aufenthalt gewährte
und von seiner erhöhten Lage ein bewegtes und reizendes Panorama der Vorstädte
und der nächsten Berge um Wien,
wie kein anderer Punkt der Stadt bot.
Selbst der höchste Adel gesellte sich zu der gebildeten Bürgerklasse,
und Lanner, später auch Strauß,
verstanden es überdies durch ihre einschmeichelnden Weisen
das Paradeisgartl zu einer Stätte des Wiener Frohsinns zu machen.
Gustav Gugitz

Im halbkreisförmigen Cortischen Kaffeehaus konzertierten alle Sträuße.
Hier hörten die Wiener am Ostermontag 1853
unter Strauß Sohn zum ersten Male Fragmente aus den Wagner-Opern
„Lohengrin" und „Der Tannenhäuser" (wie ein Referent schrieb),
hier verkündete während eines Musikfestes zu Gunsten des Strauß-Lanner-Denkmals
am Abend des 3. Juni 1899
Kapellmeister Eduard Kremser den Heimgang des Meisters.
Das Kaffeehaus, dessen erster Pächter Corti hieß,
wurde 1823 gleichzeitig mit dem Volksgarten eröffnet.
Marcel Prawy

Die vornehme Gesellschaft bei einer Soirée im Volksgarten. Kaffeehaus Corti.
Aquarell von Zampis

J. Daums Kaffeehaus am Kohlmarkt. Unbezeichneter Kupferstich

Das Café Daum bot eine Spezialität,
es war ganz besonders von den Vertretern der Kaiserlichen Armee
ohne Unterschied des Ranges besucht und bedeutete,
wenn auch nicht voll genügend,
doch den Charakter eines Militärcasinos für damals.
Hier wußten sich die Kameraden,
wenn sie ihr Beruf nach Wien führte, am sichersten zu treffen.
Karl Höflmayr

Keine Gebäude stehen in Wien in einem so hohen Preise
als Kaffeehäuser und Apotheken.
Dies rührt daher, weil hier ebenso wie in einigen anderen Staaten
Niemand eine von diesen Professionen
ohne Genehmigung der Regierung treiben darf, eine Genehmigung,
die jederzeit kostspielig ist und nicht leicht erhalten werden kann ...
John Russell. 1825

Seit meiner ersten Begegnung mit ihm sah und sprach ich Raimund oft, zu Zeiten, wenn er eben in Wien war, fast täglich im sogenannten „silbernen Kaffeehause" in der Plankengasse. Ich habe dasselbe in meinem Beitrage zur Biographie Lenau's mit allen seinen Gestalten geschildert. Unter ihnen war Raimund einer der willkommensten Gäste. Ein trefflicher Billardspieler, pflegte er seinen ebenbürtigen Billardvirtuosen Dräxler-Manfred, Christian Wilhelm Huber, Lenau, Ludwig Löwe, Johann Nep. Vogel, Friedrich Witthauer ein erstes und letztes Doublé vorzugeben und häufig doch zu siegen. In diesem Kaffeehause wurden die Getränke in silbernen Geschirren credenzt, die Kleiderhaken waren von demselben edlen Metalle, daher der Name: das „silberne". Einmal wollten die Gäste, weil statt reinen Moccas mit Zichorie versetzter Kaffee längere Zeit gereicht wurde, auswandern; das hieß wenigstens täglich vierzig Gäste dem Kaffeesieder entziehen, Raimund rettete dem Kaffeesieder dieselben durch eine humoristische Bemerkung: „Wir können von hier nicht ausziehen. Nirgends wird es dem Pegasus so gut ergehen, aus silbernen Gefäßen gefüttert zu werden, und selten einem Dichter, an einen Haken seinen Hut hängen zu können, dessen Silberwerth zehn Castorhüte, geschweige den eines armen deutschen Poeten überwiegt." Wir lachten und blieben.
LUDWIG AUGUST FRANKL. 1884

Platz vor dem Kaffeehause einer Provinzstadt. Ober dem Eingang eine Tafel mit der Aufschrift: „Kaffee Gschlader". Darunter eine zweite Tafel mit der Aufschrift: „Theater-Billetten-Verkauf". Zwischen Oleandersträuchern stehen Tische und Stühle für die Gäste. In der Mitte des Prospektes ist der Eingang in das Kaffeehaus.
Finster (mit Wildner von der rechten Seite im Gespräch eintretend): Ich mag kein' Kaffee; auf das, was Sie mir g'sagt haben, steigen mir ohnedem die Hitzen in Kopf. Wildner: Dem Herrn Gschlader sein Kaffee hat noch niemand Hitzen gemacht. (Zu Gschlader.) Zwei Melange!
Gschlader: Sehr wohl, meinen Kaffee kann ein neugeborenes Kind trinken. (Ins Kaffeehaus ab.)
Gschlader (mit Kaffee): Da is der Kaffee. Finster: So g'schwind schon? Da is mein Geld, ich hab' ka Zeit. (Legt das Geld auf den Tisch.) Entschuldigen Sie, daß ich's nicht gestern abends g'sagt hab', daß ich heut' früh einen Kaffee haben möcht'. (Mit Wildner nach links ab.)
Gschlader: Ja, ich kann doch den Kaffee nicht in Vorrat machen, ich bin Geschäftsmann in der Provinz, wer steht mir denn gut, ob alle Tag' jemand kommt und eine Melange verzehrt. (Ab.)
JOHANN NESTROY. UMSONST.

1808.   4625   N^{ro.} 73.

Caffee-Haus-Veränderungs-Anzeige.

Ignatz Neuner, bürgerl. Caffeesieder am Lobkowitz-platz, hat die Ehre seinen Tit. Herren Gästen, und allen wohlwollenden Freunden pflichtmäßig bekannt zu machen, daß er sein dermal besitzendes Caffee-Haus an das Eck der Plankengasse Nr. 1127 der Neu-burger-Gasse gegenüber versetzet hat.

Uebrigens hat er keine Kosten, um alles zur Bequemlichkeit der werthesten Herren Gäste, sowohl zu ebener Erde, als auch im ersten Stock, der aber bloß für Herren Liebhaber zum Tabakrauchen bestimmt ist, einzurichten gesparrt, und eben so wird er auch besonders sich bestreben, sie mit gutem Caffee, und allen Gattungen Getränken auf das Beste und Reinlichste zu bedienen.

Caffee-Haus-Veränderungs-Anzeige. Übersiedlung von Ignatz Neuners „Silbernem Kaffeehaus" vom Lobkowitzplatz in die Plankengasse. 1808

In Neuners „Silbernem Kaffeehaus" pflegt sich bekanntlich „in illis temporibus" eine große Zahl der Wiener Literaten zu versammeln, Sterne von allen Größen, mitunter auch wohl Unsterne; allein das Ding war interessant, wenigstens dadurch, daß eine Art von esprit-du-corps in die Schriftstellerwelt gebracht wurde, an dem es ihr von jeher, zu ihrem großen Schaden, gar sehr gebrach. Man traf da den herrlichen Lenau, den geistreichen Bauernfeld, den wackeren Ch. W. Huber, den gemüthlichen Raimund, den rüstigen Balladendichter Vogl, den lebhaften Uffo Horn (d. i. Bäuerle), und eine Cohorte mehr oder minder bedeutender Arbeiter im Weinberge der Prosa und des Verses, täglich oder doch fast täglich; von Zeit zu Zeit erschien auch Meister Grillparzer, dann Deinhardstein, Castelli, Anastasius Grün.
Emanuel Straube. 1851

Ein Kaffeehaus, wo schon die Melange auf bejambten Händen einherspaziert, der Kaffeesieder selbst auf Hexametern unter seinen Gästen herumtrippelt und sich jeden Moment umsieht, ob er nicht auf einen überzähligen Fuß getreten wird, — und der Marqueur bis auf 48 in schwerfälligen Trochäen hinaufscandirt, bei der welschen Parthie Gesichter schneidet, als schnitte ihm die Hölle des Dante im Unterleib — die französisch coeffierte Strichfabrikantin an das Casse victorhugoisirt ...
Franz Wiest. 1834

Dieser Ton des politischen Liberalismus fand Anklang und Widerhall bei Neuner, wo der Metternich'sche Absolutismus als jede freiere Regung unterdrückend angesehen wurde. Jedoch wurde dergleichen nur in gedämpften Tönen ausgesprochen; denn das Neuner'sche Cafe selbst war von der Regierung nicht wohl angesehen, weil man ein Gefühl davon hatte, hier rege sich ein Geist, welcher für das Bestehende bedrohlich werden könnte. Und man darf allerdings auch sagen, daß das Neuner'sche Cafe in ziemlich starkem Grade beigetragen hat, die Begebenheiten des Jahres 1848 vorzubereiten.
HANS MARTENSEN, 1891

„Im Namen der konstitutionellen Regierung still: Ich werde vorlesen."
Kaffeehausszene im Revolutionsjahr 1848. Stich von K. Gunther

Mit der Redefreiheit in den Wiener Cafés, die nicht gewährt, sondern genommen wurde, begann die Revolution.
HERTA SINGER

Jede Berufsgruppe frequentierte ihr Stammkaffeehaus – so auch die „Börsianer" der Gründerzeit.
Residenz-Café. Wien 1, Franz-Josefs-Kai. Photographie. Um 1895

Ein — Klein-Lloyd betiteltes Kaffeehaus
wird von Börsenmännern unterhalten und nur von diesen besucht,
die sich hier Vormittags zum Kampfe rüsten und Abends davon erholen.
Jean Charles. 1840

Die Luft ist voll von Ziffern und Miasmen. Dem Eintretenden tönt ein großes Geschrei
entgegen, aus dem er zunächst nur unartikulierte Laute hört, dann in allen Tonarten
hervorgestoßene, gebrüllte, gepfiffene, geröchelte Rufe, die zumeist eine Bekräftigung
bedeuten. Näher hinhorchend, vermag man erst genauer zu unterscheiden:
Mir gesagt! — Ihm gesagt! — Unter uns gesagt! — Sag i c h Ihnen! — Sagen S i e ! —
No wenn ich Ihnen sag! — Also ich sag Ihnen! — Ich wer' Ihnen etwas sagen —
No was soll ich Ihnen sagen? — Was s a g e n Sie! — Sagt e r ! — Auf ihm soll ich sagen!
— Ihnen gesagt! —
Karl Kraus

„Kaffeehausliteratur" und Literatencafé

Der Litterat. Wiener Werkstätte-Postkarte von Moriz Jung. Um 1910

Was ist ein Kaffeehausliterat?
Ein Mensch, der Zeit hat, im Kaffeehaus darüber nachzudenken,
was die andern draußen nicht erleben.
Anton Kuh. 1922

„Ich bin jetzt bald einer der geistreichsten Männer, aber sprecht noch nicht davon – es soll eine Überraschung sein." Karikatur von K. A. Wilke. 1906

Ich teile die Literatur ein in Tisch und Nebentisch.
Anton Kuh

Die Wiener Literatur hat sich in viele, streng gesonderte kleine Gruppen zersplittert."
"Aha, ich verstehe. Die grundverschiedenen Weltanschauungen und künstlerischen Gesinnungen trennen sie."
"Lächerlich, was fällt Ihnen ein. Der Unterschied zwischen den einzelnen Gruppen drückt sich ganz anders aus. In den Hutformen und Barttrachten, in der Zugehörigkeit zu demselben Zahlmarkör.
LUDWIG HIRSCHFELD. 1912

Um den Tisch saß ein Dutzend junger Leute schweigend und regungslos, in einer Art stumpfsinnigen Nachdenklichkeit. Sie schauten mich mit verlorenen Blicken an und reichten mir kühle, magere Hände. Mein Freund flüsterte mir die Biographien der berühmtesten in dieser Runde zu. Der bleiche junge Mann dort war der Verfasser des Versbandes „Die zitternde Zimbel", den er vor elf Jahren als Fünfzehnjähriger veröffentlicht hatte. Seitdem schwieg er, weil er nichts besonderes mehr erlebt hatte. Noch berühmter war sein Nachbar, der Dichter der Sonettensammlung „Das bunte Schweigen", die in einer einmaligen Gesamtauflage von 217 numerierten Exemplaren ediert worden war. Nicht um eines mehr würde jemals noch gedruckt werden, und wenn der Papst und der Rothschild ihn kniefällig darum gebeten hätten. Von dieser Auflage waren 33 Exemplare auf malaiisch Büttenpapier abgezogen, in Pinguinhaut gebunden und vom Autor eigenhändig mit Fettflecken und Eselsohren versehen worden. In einiger Distanz saß der Nachwuchs dieser Gruppe, Jünglinge von sechzehn Jahren aufwärts und lauschten scheu und ehrerbietig. Man mußte wirklich aufpassen, denn die beiden Meister gaben nur ab und zu eine abgerissene Bemerkung von sich. Sie erzählten von neuen Wortbildungen und Satzkonstruktionen, die ihnen gelungen waren, nippten von ihrem grünen Schnaps und rauchten schweigend. Dann sagte der eine: „Heute habe ich an einer Ballade gearbeitet, die ich mit zum Reifsten zähle, was ich je geschrieben." Darauf der andere: „Und ich habe heute ein Sonett gemacht, das ist schon –" und er küßte schnalzend seine Fingerspitzen, um sein Wohlgefallen auszudrücken. Und dann berichteten nach der Reihe die Jüngeren von den lyrischen Eiern, die sie heute gelegt hatten.
LUDWIG HIRSCHFELD. 1912

„Sie müssen nämlich wissen", erklärte mir mein Freund, „diese Tischgesellschaft ist zugleich eine Versicherungsgesellschaft mit Wechselseitigkeit. Einer garantiert dem andern die Bewunderung, die Berühmtheit und das Gelesenwerden. Das gibt's bei den Dramatikern nicht. Da gönnt einer dem andern nicht den Hervorruf."
LUDWIG HIRSCHFELD. 1912

Das Café Griensteidl

Das legendäre Café Griensteidl, Treffpunkt des literarischen „Jung-Wien".
Wien 1, Michaelerplatz/Ecke Herrengasse. Photographie. Um 1895

Daß das Café Griensteidl ein Politikum ersten Ranges in Wien gewesen ist, wird niemand bestreiten wollen. Im Jahre 1847 gegründet, spielte dieses Kaffeehaus bereits ein Jahr später, im Sturm- und Drangjahre, eine politische Rolle, und damals erhielt es auch den Beinamen „Café National". In den Fünfzigerjahren war es das Buenretiro aller Mißvergnügten und Raisonneure, zu welchen sich die Juristen des juridisch-politischen Lesevereines gesellten, denen der Boden des Vereines, der bekanntlich während der Revolutionszeit im Vordertreffen stand, zu heiß geworden war. Es war eine äußerlich ruhige Zeit, aber hinter den kolossalen Spalten der „Times", die damals mit großem Ungestüm über österreichische Verhältnisse sprachen, konnte der Leser, der bei Griensteidl saß, die Oriflamme der Achtundvierziger-Begeisterung ziemlich hoch aufflackern lassen, ohne daß es die Polizei gerade merken mußte. Allmählich wurde das Kaffeehaus an der Ecke der Schaufler- und Herrengasse zum Lager der freisinnigen Elemente von Wien, im Gegensatze zu dem nahen Café Daum, das als Zusammenkunftsort der gemäßigten, der konservativen Kreise galt. Die Folge dieser reinlichen Scheidung traten mitunter in heftigen Reibereien zutage, ab und zu wohl auch in einem epigrammatischen Verslein, wie jener Zweizeiler, den Julius Alexander Schindler über die alleweil rosig gelaunten „Gebt's einen Ruh"-Politiker bei Daum und die fuchsteufelswilden Konkordatsgegner im Café Griensteidl dichtete:

     Beim „Daum" trinkt Kapuziner man aus Schalen,
     Im „National" da fressen ihn die Vandalen.

Die Zeit des flüsternden Tones bei Griensteidl sollte übrigens bald vorüber sein. Nach dem Feldzuge des Jahres 1859 tagte in der Reitschule der Hofburg der verstärkte Reichsrat; eines Tages wurde im nahen Café Griensteidl bekannt, daß der Siebenbürger Maager das seit der Revolutionszeit verpönte Wort „Konstitution" ausgesprochen habe. Als Maager nach der Sitzung bei Griendsteidl eine Erfrischung nahm, ward er der Gegenstand stürmischer Ovationen. Bald war er einer der populärsten Politiker, und in ganz Österreich fand seine Forderung nach Einführung der Konstitution ein begeistertes Echo. Die Griensteidlianer hatten nun alle Ursache zu triumphieren und sie konnten die Oriflamme der Begeisterung so hoch flackern lassen, als es ihnen beliebte; unüberwacht vom Zahlmarqueur „Schorsch", der als Polizeikonfident und Überwacher der „Times"-Leser gegolten hatte, konnten sie nunmehr laute Kritik üben, denn eines Tages war „Schorsch" demissioniert worden und an seine Stelle trat der Zahlmarqueur Franz, dessen markante Figur auch als „Sixtus Plützerl" zu hohem Witzblattruhme gelangt ist. Franz war ein eifriger Anhänger des neuen politischen Systems und aller jener alten Theorien, die sich auf das Trinkgeldnehmen bezogen; aber er war nebenbei auch noch ein urbaner Charakter, der seine Gäste anständig bediente und es ihnen vom Auge ablas, welcher Parteischattierung sie angehörten.

SIGMUND WILHEIM. 1912

Der Treffort für alle Jungwiener Literaten war das Café Griensteidl auf dem Michaelerplatz . . . Hermann Bahr, eben aus Paris zurückgekehrt, gesellte sich zu uns. Er trug ganz die Tracht eines Montmartre-Menschen, Pepita-Beinkleider, Sakko aus braunem Samt und dazu den Zylinder. Er regte alle auf und regte alle an durch die Verwegenheit seines Geistes, der in Wort und Schrift nur so Funken spritzte . . . Richard Beer-Hofmann stieß eines Tages zu uns. Seine Kleidung war von einer exzessiven Noblesse, von einer mit subtilstem Geschmack ausgesuchten Eleganz, die immer etwas leise Herausforderndes hatte. Er trug jeden Tag eine andere stimmungsmäßig und raffiniert gewählte Knopflochblume.
Die Begeisterung von uns allen aber errang Loris, der noch nicht sechzehnjährige Gymnasiast Hugo v. Hofmannsthal, der den Einakter in Versen „Gestern" geschrieben hat.
FELIX SALTEN. AUS DEN ANFÄNGEN. 1933

Und wieder andere waren da, die sich im Gegensatz zu den ‚gutsituierten Dilletanten' an unserem Tisch für die wirklichen Dichter hielten und uns alle so sehr verachteten, daß sie jede Gemeinschaft ablehnten. Ich sehe noch die beiden getrennten Lager vor mir; an dem einen Tisch Hermann Bahr, der Rufer der Jugend, den ewig ‚Morgigen', sprühend vor Leben, Kraft und Übermut, etwas Quartier Latin, etwas Daudet, ganz Hermann Bahr, den Österreicher; den ganz jungen Hugo von Hofmannsthal . . . pagenhaft dantesker Theresianist, altklug und kindlich zugleich, in innerer Fülle leuchtend, von jungem Ruhm angeglüht; Arthur Schnitzler, reifer und ein wenig älter als die anderen . . . Richard Beer-Hofmann, der damals eine Art wienerischer Oskar Wilde war, sein Dichtertum hinter funkelnden Paradoxen und nachklingenden Erkenntnissen maskierend, ein Beispiel, wie man als Künstler leben und sein Dasein mit Schönheit füllen, in Schönheit verwandeln müsse; Felix Salten, der gerade damals mit seiner ungestümen Energie in diese Welt einbrach und alles an sich riß, Arbeit, Menschen, Bücher . . . Gustav Schwarzkopf . . . Karlweis . . . Felix Dörmann, der damals noch in verruchten Tuberosenträumen schwelgte, gerne ein Wiener Baudelaire geworden wäre und jeden erwürgt hätte, der prophezeien gekommen wäre, daß er bei der Operette enden würde; Karl Kraus, pudeljung, medisant, voll artiger Bosheit . . . des eigenen Weges noch ungewiß . . . und noch andere . . .
Am Nebentisch aber die wirklichen deutschen Dichter, die damals schon verstorben waren, ohne daß sie's wußten: Fritz Lemmermayer, Franz Christel, Hermann Hango, Joseph Kitir, lauter Hoffnungen der Wiener Lyrik, wo sie am arischesten war – wer weiß heute noch von ihnen?
RICHARD SPECHT. 1922

Café Griensteidl. Oben: Großer Lesesaal, in dem auch Peter Altenberg seinen Stammtisch hatte.
Unten: Künstlerzimmer. Photographien. 1896 (knapp vor Abbruch des Hauses)

Endlich war ich wieder in Wien, im Café, über den Blättern, die ich sechs Wochen nicht gesehen: wir waren so analphabetisch glücklich gewesen. Gegenwart, Nation, Freie Bühne, Gesellschaft, Magazin – immer noch die alten Tiraden, immer noch jeder an der gleichen Walze! Man gibt mir die „Moderne Rundschau". Da ist etwas über mich, eine lange Recension. Das auch noch – und meine Sehnsucht nach Sonne! Loris heißt der Herr – was das nur schon für ein Name ist! So kann ein Pudel heißen oder ein herziges Koköttchen, aber freilich ein vornehmer, sehr gekämmter Pudel und eine in den achtbaren Kreisen, wo sie wieder anständig werden, mit Coupé. Es roch nach „Welt" in diesem wunderlichen Namen: er klang so wohlerzogen und manierlich – für einen Kritiker viel zu nobel.
HERMANN BAHR. 1892

Nächsten Tag wieder im Café. Ich sitze, lese, plausche. Plötzlich schießt, aus der andern Ecke quer durchs Zimmer, wie von einer Schleuder, ein junger Mann mit unheimlicher Energie auf mich, mir mitten ins Gesicht sozusagen. Ich erschrecke ein wenig; er lacht, gibt mir die Hand, eine weiche, streichelnde, unwillkürlich caressante Hand der großen Amoureusen, wie die leise, zähe Schmeichelei verblaßter alter Seide, und sagt beruhigend: Ich bin nämlich Loris (*Hugo von Hofmannsthal*). Damals muß ich wohl das dümmste Gesicht meines Lebens gemacht haben.
HERMANN BAHR. 1892

Eine der zartesten Blühten der Decadence sproß dem Café Griensteidl in einem jungen Freiherrn (*Leopold von Andrian*), der, wie man erzählte, seine Manirirtheit bis auf die Kreuzzüge zurückleitet. Die Art des jungen Mannes, der sich einst zufällig in das Kaffeehaus verirrte, gefiel dem Herrn aus Linz (*Hermann Bahr*). Als jener sich vollends zu der enthusiastischen Bemerkung hinreißen ließ: ‚Der Goethe is ganz g'scheit', da fühlte dieser: hier lag eine Fülle von Affection, die der Literatur nicht verloren gehen durfte.
KARL KRAUS. 1896

Sie können sich denken wie peinlich es für mich ist, meine Verse und meinen Namen in einer gewissen Solidarität mit den Unverschämtheiten des Herrn Kraus zu finden – Man hat die eigentümliche Taktik befolgt mir die Correkturen der unwichtigsten Artikel, ja der Buchbesprechungen vorher zu zeigen, nur aber von dem betreffenden Aufsatz absolut zu schweigen . . . Vielleicht sind Sie so lieb mir umgehend zu schreiben, was Sie mir zu thuen rathen, was Sie selbst allenfalls in meiner Situation thäten. Bedenken Sie, um dabei nicht zu nachsichtig zu sein, vor allem den unerträglichen Ton, in dem von Poldy (*L. v. Andrian*) geredet ist. Ich warte mit Ungeduld auf Ihre Antwort.
HUGO VON HOFMANNSTHAL AN HERMANN BAHR. 1896

Hofmannsthal ist derjenige unter den Jung-Wiener Künstlern, der mit dem Bewußtsein der Abgeklärtheit auf die Welt gekommen ist. Dieses hat ihn um eine schöne Entwicklung betrogen. Als er noch das Gymnasium besuchte, gaben offenbar wohlmeinende Leute die Losung aus: „Goethe auf der Schulbank". Bald wurde er für das Literatenkaffeehaus gewonnen, und es ist ein biographisches Moment, daß es seine Eltern, ‚Herr und Frau Rath', selbst waren, die ihn dort einführten . . . Alle seine Bewegungen trugen bald das Gepräge des Ewigen, seine Korrespondenzen den Charakter des Briefwechsels; er schrieb nur mehr Fragmente, ordnete seine Manuscripte vom Gesichtspunkte des Nachlasses und studierte sich wohl auch die ‚letzten Worte' ein.
KARL KRAUS. 1897

Der kleine K. (*Karl Kraus*) veröffentlicht in der Neuen Freien eine Kritik über ein Buch der Fanny Gröger, bei welcher Gelegenheit die Talente des Café Griensteidl mit deutlicher Beziehung auf Loris, Richard (*Beer-Hofmann*) und mich gehöhnt werden.
ARTHUR SCHNITZLER. 1895

In unser junges Österreich, wo die Talente so dicht an einem Kaffeehaustisch zusammensitzen, daß sie einander gegenseitig an der Entfaltung hindern, wird Fräulein Gröger eine willkommene Abwechslung bringen. Während ihre literarischen Altersgenossen, ‚aus Furcht, ein Spiel von jedem Druck der Luft' zu werden, sich längst in das Schneckengehäuse ihres vorgeblichen Ich zurückgezogen haben und nur zeitweise heraustreten, um dessen kokette Windungen zu betrachten, scheint sich Fräulein Gröger trotz ihrer Jugend ein offenes Auge erhalten zu haben.
KARL KRAUS. 1895

Er überlegte, ob er ins Kaffeehaus gehen sollte. Er hatte keine rechte Lust dazu . . . die jungen Leute, meist jüdische Literaten, die Georg in der letzten Zeit flüchtig kennengelernt hatte, lockten ihn nicht eben an, wenn er auch manche von ihnen nicht uninteressant gefunden hatte. Im ganzen fand er den Ton der jungen Leute untereinander bald zu intim, bald zu fremd, bald zu witzelnd, bald zu pathetisch; keiner schien sich dem andern, kaum einer sich selbst mit Unbefangeheit zu geben . . . er für seinen Teil wußte, daß es weniger Freundschaft war, die ihn zu den jungen Schriftstellern hinzog, als Neugier, einen seltsamen Menschen näher kennenzulernen; vielleicht auch das Interesse, in eine Welt hineinzuschauen, die ihm bisher ziemlich fremd geblieben war.
ARTHUR SCHNITZLER. 1908

Wien wird jetzt zur Großstadt demolirt. Mit den alten Häusern fallen die letzten Pfeiler unserer Erinnerungen, und bald wird ein respektloser Spaten auch das ehrwürdige Café Griensteidl dem Boden gleichgemacht haben. Ein hausherrlicher Entschluß, dessen Folgen gar nicht abzusehen sind. Unsere Literatur sieht einer Periode der Obdachlosigkeit entgegen, der Faden der dichterischen Production wird grausam abgeschnitten. Zu Hause mögen sich Literaten auch fernerhin froher Geselligkeit hingeben, das Berufsleben, die Arbeit mit ihren vielfachen Nervositäten und Aufregungen spielte sich in jenem Kaffeehause ab, welches wie kein zweites geeignet schien, das literarische Verkehrszentrum zu repräsentieren. Mehr als ein Vorzug hat dem alten Locale seinen Ehrenplatz in der Literaturgeschichte gesichert. Wer gedenkt nicht der schier erdrückenden Fülle von Zeitungen und Zeitschriften, die den Besuch unseres Kaffeehauses gerade für diejenigen Schriftsteller, welche nach keinem Kaffee verlangten, zu einem wahren Bedürfnis gemacht hatte? Braucht es den Hinweis auf sämtliche Bände von Meyers Conversationslexikon, die, an leicht zugänglicher Stelle angebracht, es jedem Literaten ermöglichten, sich Bildung anzueignen? Auf das reiche Schreibmaterial, das für unvorhergesehene Einfälle stets zur Hand war? Namentlich die jüngeren Dichter werden das intime, altwienerische Interieur schmerzlich entbehren, welches, was ihm an Bequemlichkeit gefehlt, jederzeit durch Stimmung zu ersetzen vermocht hat. Nur der große Zug, der hin und wieder durch diese Kaffeehausidylle ging, wurde von den sensiblen Stammgästen als Stilwidrigkeit empfunden, und in der letzten Zeit häuften sich die Fälle, daß junge Schriftsteller angestrengte Productivität mit einem Rheumatismus bezahlten.
KARL KRAUS. 1896

Die ganze Literaturbewegung einzuleiten, die zahlreichen schwierigen Ueberwindungen vorzunehmen, nicht zuletzt dem Kaffeehausleben den Stempel einer Persönlichkeit aufzudrücken, war ein Herr aus Linz berufen worden, dem es in der That bald gelang, einen entscheidenden Einfluss auf die Jugend zu gewinnen und eine dichte Schaar von Anhängern um sich zu versammeln. Eine Linzer Gewohnheit, Genialität durch eine in die Stirne baumelnde Haarlocke anzudeuten, fand sogleich begeisterte Nachahmer — die Modernen wollten es betont wissen, daß ihnen der Zopf nicht hinten hieng.
Karl Kraus. 1897

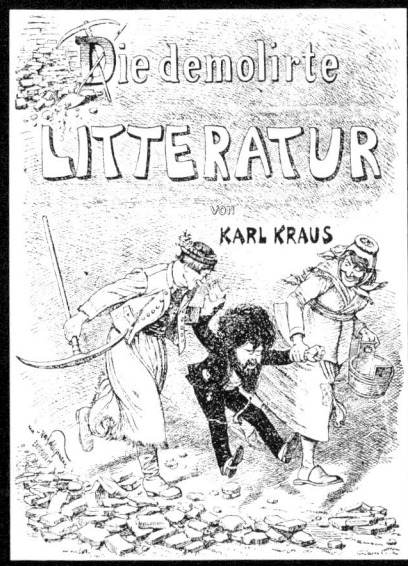

Gegenüberliegende Seite: Karl Kraus wird beim Dichten im Kaffeehaus von der Muse unterstützt. Scherenschnitt von Hans Schließmann. Oben: Karl Kraus. Die demolirte Litteratur. Umschlagzeichnung von Hans Schließmann, Hermann Bahr zwischen einem Abbrucharbeiter und einem Mörtelweib darstellend. 1897

Der Demolirarbeiter pocht an die Fensterscheiben — es ist die höchste Zeit. In Eile werden alle Literaturgeräthe zusammengerafft: Mangel an Talent, verfrühte Abgeklärtheit, Posen, Grössenwahn, Vorstadtmädel, Cravatte, Manirirtheit, falsche Dative, Monocle und heimliche Nerven — Alles muss mit. Zögernde Dichter werden sanft hinausgeleitet. Aus dumpfer Ecke geholt, scheuen sie vor dem Tag, dessen Licht sie blendet, vor dem Leben, dessen Fülle sie bedrücken wird. Gegen dieses Licht ist das Monocle blos ein schwacher Schutz; das Leben wird die Krücke der Affection zerbrechen . . .
Wohin steuert nun unsere junge Literatur? Und welches ist ihr künftiges Griensteidl?
Karl Kraus. 1897

Das Café Central

Gegenüberliegende Seite: Café Central. Wien 1, Herrengasse 14. Photographie. Um 1880.
Oben: Das berühmte Schachzimmer. Photographie von Otto Skall. Um 1930

Am Anfang aber war der Arkadenhof das Café Central!
Berthold Viertel

Eine tiefe Halle, die in einem seltsam unbestimmten Licht liegt. Je dreizehn Schmöcke in den Nischen auf jeder Seite. Jeder dieser Schmöcke ist sein eigener Lichtspender. An den verschiedenen Tischen dicht gedrängt Personen, die alle zu einander zu gehören scheinen und von Tisch zu Tisch hinübersprechen. Ein Winkel weist nomadenhafte Häuslichkeit auf; während verschiedene junge Leute schreiben, diktieren, malen, zeichnen, verrichten Mädchen häusliche Arbeiten, stopfen Zigaretten u. dgl. An einigen Tischen, dicht umstellt von Zuschauern, wird Schach, an andern Tarock gespielt.
Karl Kraus. 1921

Unvergessen der erste Eindruck: Warum ist diese Höhle so hoch? Und was für ein Licht ist das? Heute, nach so vielen Jahren, zweifelt Ferdinand, ob das Erinnerungsbild dieser kuppelhaften Höhe nicht einer Gedächtnisfälschung entspringe, die das Äußere des Raumes mit seinem eigenen inneren Zustand von damals vermischt. Jedenfalls ist die unbehagliche Empfindung einer nur geahnten, sinnlosen Höhe noch heute vorhanden; etwas sonderbar Kirchenhaftes. Dick riegelte eine Wolkenbank von Zigarettenqualm (der stickige Weihrauchdunst dieses Doms) die Wölbung ab.
Der Stollen des Säulensaals schien nicht in ein gewöhnliches Haus, sondern in einen Berg eingesprengt zu sein, damit die Sphäre vor jeder Erneuerung und Durchlüftung geschützt sei.
Franz Werfel. 1929

Der Arkadenhof des Café Central. Photographie. Um 1905

Alfred Polgar. Theorie des „Café Central"

Das Cafe Central ist nämlich kein Cafehaus wie andere Caféhäuser, sondern eine Weltanschauung, und zwar eine, deren innerster Inhalt es ist, die Welt nicht anzuschauen. Was sieht man schon? Doch davon später. So viel steht erfahrungsgemäß fest, daß keiner im Central ist, in dem nicht ein Stück Central wäre, das heißt, in dessen Ich-Spektrum nicht die Centralfarbe vorkäme, eine Mischung aus Aschgrau und Ultra-Stagelgrün. Ob der Ort sich dem Menschen, der Mensch dem Ort angeglichen hat, das ist strittig. Ich vermute Wechselwirkung. „Nicht du bist in dem Ort, der Ort, der ist in dir", sagt der Cherubinische Wandersmann.
Wenn man alle Anekdoten, die von diesem Kaffeehaus erzählt werden, zerstampft, in die Retorte gibt und vergast, wird sich ein trübes, irisierendes, leicht nach Ammoniak riechendes Gas entwickeln: die sogenannte Luft des Café Central. Sie bestimmt das geistige Klima dieses Raumes, ein ganz besonderes Klima, in dem das Lebensunfähige, und nur dieses, bei voller Wahrung seiner Lebensunfähigkeit gedeiht. Hier entwickelt Ohnmacht die ihr eigentümlichsten Kräfte, Früchte der Unfruchtbarkeit reifen, und jeder Nichtbesitz verzinst sich. Ganz erfassen wird das ja nur ein richtiger Centralist, der, ist sein Kaffeehaus gesperrt, die Empfindung hat, ins rauhe Leben hinausgestoßen zu sein, preisgegeben den wilden Zufällen, Anomalien und Grausamkeiten der Fremde.
Das Café Central liegt unterm wienerischen Breitengrad am Meridian der Einsamkeit. Seine Bewohner sind größtenteils Leute, deren Menschenfeindschaft so heftig ist wie ihr Verlangen nach Menschen, die allein sein wollen, aber dazu Gesellschaft brauchen. Ihre Innenwelt bedarf einer Schicht Außenwelt als abgrenzenden Materials, ihre schwankenden Einzelstimmen können der Stütze des Chors nicht entbehren. Es sind unklare Naturen, ziemlich verloren ohne die Sicherheiten, die das Gefühl gibt, Teilchen eines Ganzen (dessen Ton und Farbe sie mitbestimmen) zu sein. Der Centralist ein Mensch, dem Familie, Beruf, Partei solches Gefühl nicht geben: hilfreich springt da das Caféhaus als Ersatztotalität ein, lädt zum Untertauchen und Zerfließen. Verständlich also, daß vor allem Frauen, die ja niemals allein sein können, sondern hierzu mindestens noch einen brauchen, eine Schwäche für das Café Central haben. Es ist ein Ort für Leute, die um ihre Bestimmung, zu verlassen und verlassen zu werden, wissen, aber nicht die Nervenmittel haben, dieser Bestimmung nachzuleben. Es ist ein rechtes Asyl für Menschen, die die Zeit totschlagen müssen, um von ihr nicht totgeschlagen zu

werden. Es ist der traute Herd derer, denen der traute Herd ein Greuel ist, die Zuflucht der Eheleute und Liebespaare vor den Schrecken des ungestörten Beisammenseins, eine Rettungsstation für Zerrissene, die dort, ihr Lebtag auf der Suche nach sich und ihr Lebtag auf der Flucht vor sich, ihr fliehendes Ich-Teil hinter Zeitungspapier, öden Gesprächen und Spielkarten verstecken und das Verfolger-Ich in die Rolle des Kiebitz drängen, der das Maul zu halten hat.

Das Café Central stellt also eine Art Organisation der Desorganisierten dar. In diesem gesegneten Raum wird jedem halbwegs unbestimmten Menschen Persönlichkeit kreditiert – er kann, bleibt er nur im Weichbilde des Caféhauses, mit diesem Kredit seine sämtlichen moralischen Spesen bestreiten – und jedem, der Verachtung bezeugt vor dem Gelde der anderen, die Unbürgerkrone aufgesetzt.

Der Centralist lebt parasitär auf der Anekdote, die von ihm umläuft. Sie ist das Hauptstück, das Wesentliche. Alles übrige, die Tatsachen seiner Existenz, sind Kleingedrucktes, Hinzugefügtes, Hinzuerfundenes, das auch wegbleiben kann.

Die Gäste des Café Central kennen, lieben und geringschätzen einander. Auch die, die keinerlei Beziehung verknüpft, empfinden diese Nichtbeziehung als Beziehung, selbst gegenseitiger Widerwille hat im Café Central Bindekraft, anerkennt und übt eine Art freimaurerischer Solidarität. Jeder weiß von jedem. Das Café Central ist ein Provinznest im Schoß der Großstadt, dampfend von Klatsch, Neugier und Médisance. So wie die Stammgäste in diesem Caféhaus, mögen, denke ich, die Fische im Aquarium leben, immer in engsten Kreisen umeinander, immer ohne Ziel geschäftig, die schiefe Lichtbrechung ihres Mediums zu mancherlei Kurzweil nützend, immer voll Erwartung, aber auch voll Sorge, daß einmal was Neues in den gläsernen Bottich fallen könnte, auf ihrem künstlichen Miniaturmeeresgrund mit ernster Miene ,,Meer" spielend, und ganz verloren, wenn, Gott soll hüten, das Aquarium in ein Bankhaus verwandelt würde.

Irgendwelche Scheu oder Heimlichkeit haben die Centralfische, die so viele Stunden ihres Lebens die gleichen paar Kubikmeter Atemraum teilen, natürlich nicht mehr. Der richtige Centralist führt das Privatleben der andern und treibt mit dem eigenen keine Hehlerei. Das schafft, unterstützt von der ortsüblichen Neigung zum Selbstspott und zur gelassenen Preisgabe der eigenen Schwächen, eine Sphäre verschwebender Gemütlichkeit, in der jederlei Prüderie welkt und abstirbt. Es gibt Centralgäste, die psychisch nackt gehen, ohne daß ihre kindlich-unschuldsvolle Blöße eine Mißdeutung als schamlos zu befürchten hätte. Diesem paradiesischen Einschlag in den Charakter seiner Stammgäste hat vor einigen Jahren der Besitzer des Cafés durch Aufstellen einer Palme Rechnung zu tragen versucht. Die Tochter aus dem Morgenland hat aber das Klima der Örtlichkeit, trotz dessen ziemlich östlichem

Charakter, nicht vertragen. Sie wurde klein gehackt, und ihre zerteilte Substanz fand in der Küche – ob als Brennstoff oder als Mokkabohnen, darüber sind die Forscher nicht einig – Verwendung.
Teilhaftig der eigentlichsten Reize dieses wunderlichen Caféhauses wird allein der, der dort nichts will als dort sein. Zwecklosigkeit heiligt den Aufenthalt. Der Gast mag vielleicht das Lokal gar nicht und mag die Menschen nicht, die es lärmend besiedeln, aber sein Nervensystem fordert gebieterisch das tägliche Quantum Centralin. Mit Gewöhnung allein ist das kaum zu erklären, auch nicht damit, daß es den Centralmenschen, wie den Mörder an den Ort der Tat, immer dorthin ziehe, wo er schon so viele Zeit totgeschlagen, ganze Jahre ausgerottet hat. Also was denn ist es? Das Fluidum! Ich kann nur sagen: das Fluidum! Es gibt Schreiber, die nirgendwo anders wie im Café Central ihr Schreibpensum zu erledigen imstande sind, nur dort, nur an den Tischen des Müßiggangs, ist ihnen die Tafel der Arbeit gedeckt, nur dort, von Faulenzlüften umweht, wird ihrer Trägheit Befruchtung. Es gibt Schaffende, denen nur im Central nichts einfällt, überall anderswo weit weniger. Es gibt Dichter und andere Industrielle, denen nur im Café Central der verdienende Gedanke kommt, Hartleibige, denen nur dort die Tür der Erlösung sich öffnet, erotisch seit langem Appetitlose, die nur dort Hunger verspüren, Stumme, die nur im Central ihre oder eines andern Sprache finden, Geizige, deren Gelddrüse nur dort secerniert.
Dieses rätselvolle Caféhaus beschwichtigt in den friedlosen Menschen, die es besuchen, etwas, das ich: das kosmische Unbehagen nennen möchte. An dieser Stätte der lockeren Beziehungen lockert sich auch die Beziehung zu Gott und den Sternen, die Kreatur entschlüpft ihrem Zwangsverhältnis zum All in ein pflichtenloses, sinnliches Gelegenheits-Verhältnis zum Nichts, die Drohungen der Ewigkeit dringen nicht durch die Wände des Café Central, und zwischen diesen genießest du der holden Wurstigkeit des Augenblicks.
Über das Liebesleben im Café Central, über den Ausgleich der sozialen Unterschiede in ihm, über die literarischen und politischen Strömungen, von denen seine ausgefransten Küsten bespült werden, über die in der Centralhöhle Verschütteten, die dort sehnsüchtig ihrer Ausgrabung harren, hoffend, daß sie nie stattfinden werde, über das Maskenspiel von Witz und Dummheit, das in jenen Räumen jede Nacht zur Fastnacht wandelt, über dies und anderes wäre noch viel zu sagen. Aber wer sich für das Café Central interessiert, der weiß das alles ohnehin, und wer sich nicht für das Café Central interessiert, an dessen Interesse haben wir keines.
Es ist ein Caféhaus, nehmt alles nur in allem! Ihr werdet nimmer solcher Örtlichkeit begegnen. Von ihr gilt, was Knut Hamsun im ersten Satz seines unsterblichen „Hunger" von der Stadt Christiania sagt: Keiner verläßt sie, den sie nicht gezeichnet hätte.

Die Literatur betrat erst am frühen Nachmittag das Allerheiligste, den Arkadenhof. Dort saßen die Treuesten, Jahr für Jahr. Alfred Polgar, in erlauchter Ruhe, Paul Frank, die Sanftmut und Gelassenheit, Leo Perutz, der Versicherungsmathematiker, der wundervolle Bücher und mit Paul Frank entzükkende Komödien schrieb. Oft saß ich mit Oskar Maurus Fontana zusammen. Später empfing ich die ersten Weihen von ihm.
In seinem ,,Flugblatt" veröffentlichte er meine allererste Niederschrift ,,Vom Krieg". Otto Soyka, der Aschfahle, strich um die Schachspieler und rechnete auf einem Käsezettel den Ablauf seiner Romane – Handlung, Personen, Atmosphäre – mit Logarithmen aus.
RUDOLF FORSTER

Peter Altenberg mit einem Ashantee-Mädchen im Kaffeehaus.
Zeichnung von Berta Czegka. 1902

Stefan Zweig war nur Gast beim ,,anderen Wien", immerhin der einzige vom offiziellen Wien, der Wert darauf legte, dort Gast zu sein. Er war kein ständiger Kaffeehausbesucher. ,,Geht Schnitzler ins Kaffeehaus? Geht Hofmannsthal ins Kaffeehaus?" fragte er den X. – Sein Haus hatte er in Salzburg, aber zum Wiener Aufenthalt gehörte ein Besuch im Café Central. ,,Eine Plauderei mit Alfred Polgar, eine Schachpartie mit X", begründete seine sanfte, samtweiche Stimme den Besuch. Er spielte Schach nicht eben meisterhaft. Alfred Polgar ist ein guter Löser von Problemen und hat Beziehung zum Schach; davon zeugt sein Angsttraum, von dem er erzählte: Ein Springer sitze auf seiner Nase und biete beiden Augen Schach. Ein guter Schachspieler ist Siegfried Trebitsch; ein sehr guter war Gustav Meyrink.
OTTO SOYKA

[Signature: Peter Altenberg]

Wien I. Herrengasse, Café Central.

Ich saß im 34. Jahre meines gottlosen Lebens, Details kann eine Tageszeitung unmöglich bringen, ich saß im Café Central, Wien, Herrengasse, in einem Raume mit gepreßten englischen Goldtapeten. Vor mir hatte ich das „Extrablatt" mit der Photographie eines auf dem Wege zur Klavierstunde für immer entschwundenen fünfzehnjährigen Mädchens. Sie hieß Johanna W. Ich schrieb auf Quartpapier infolgedessen, tieferschüttert, meine Skizze „Lokale Chronik". Da traten Arthur Schnitzler, Hugo von Hofmannsthal, Felix Salten, Richard Beer-Hofmann, Hermann Bahr ein. Arthur Schnitzler sagte zu mir: „Ich habe gar nicht gewußt, daß Sie dichten!? Sie schreiben da auf Quartpapier, vor sich ein Porträt, das ist verdächtig!" und er nahm meine Skizze „Lokale Chronik" an sich. Richard Beer-Hofmann veranstaltete nächsten Sonntag ein „literarisches Souper" und las zum Dessert diese Skizze vor. Drei Tage später schrieb mir Hermann Bahr: „Habe bei Herrn Richard Beer-Hofmann Ihre Skizze vorlesen gehört über ein verschwundenes fünfzehnjähriges Mädchen. Ersuche Sie daher dringend um Beiträge für meine neugegründete Wochenschrift ‚Die Zeit'" Später sandte Karl Kraus, auch der Fackel-Kraus genannt, weil er in die verderbte Welt die Fackel seines genial-lustigen Zornes schleudert, um sie zu verbrennen oder wenigstens „im Feuer zu läutern", an meinen jetzigen Verleger S. Fischer, Berlin W., Bülowstraße 90, einen Pack meiner „Skizzen", mit der Empfehlung, ich sei ein Original, ein Genie, einer, der anders sei, nebbich. S. Fischer druckte mich, und so wurde ich! Wenn man bedenkt, von welchen Zufälligkeiten das Lebensschicksal eines Menschen abhängt! Nicht?! Hätte ich damals, im Café Central, gerade eine Rechnung geschrieben, über die seit Monaten nicht bezahlten Kaffees, so hätte Arthur Schnitzler sich nicht für mich erwärmt, Beer-Hofmann hätte keine literarische Soiree gegeben, Hermann Bahr hätte mir nicht geschrieben. Karl Kraus freilich hätte meinen Pack Skizzen unter allen Umständen an S. Fischer abgeschickt, denn er ist ein „Eigener", ein „Unbeeinflußbarer". Alle zusammen jedoch haben mich „gemacht". Und was bin ich geworden?! Ein Schnorrer!

PETER ALTENBERG. SO WURDE ICH. 1912

Oskar Kokoschka. Porträt Peter Altenberg. Ölbild 1909

Loos hatte meine Malsachen zum Abendtisch ins Kaffeehaus mitgebracht, wo man des Dichters am besten habhaft werden konnte, während Karl Kraus gierig sein Essen verschlang. Loos hat alles fertiggebracht, selbst Altenberg zum Sitzen. Auch störte ihn die Umgebung überhaupt nicht; was immer ich dagegen vorbrachte, ich mußte Peter Altenberg malen. Ich liebte es, ihn erzählen zu hören, seinen witzsprühenden Schalkheiten im Kreis der vertrauten Gönner und Freunde zu lauschen. Wie aufgeregt seine fetten, weißen Händchen im prismatischen Ampellicht der Kaffeehausecke die Huris Arabiens, die Geishas Japans und die Favoritinnen aus Tausendundeiner Nacht in die Öde einer Wiener Winternacht vor aller Augen zauberten! Doch diesmal konnte ich den verzweifelten Ausdruck in seinem Gesicht einfach nicht aushalten. „Ihr dürft den Peter nicht so reizen, wenn ihr vorgebt, seine Freunde zu sein. Er hat euch doch nichts getan! Ihr schadet ihm mit den Sticheleien, die er tragisch nimmt. Es tut ihm weh und mir auch!" Ich muß voraussetzen, daß Altenberg als sehr geldgierig galt, das hatte wohl einen Grund in seiner beständigen Mittellosigkeit. Als ich selber zornig erregt aufgesprungen war, hielt Altenberg mich plötzlich zurück, und zum allgemeinen Erstaunen, das meiner Verteidigungsrede folgte, rief er spontan nach dem Kellner und bestellte mir ein paar Würstel mit Senf und überdies eine Schachtel Zigaretten, eine volle. Das hatte man von Altenberg noch nie erlebt, seine Sparsamkeit so zu überwinden, und der Abend endete in aufgeräumter Heiterkeit und Liebe. Bestimmt ist mein Porträt von Peter nicht das eines Clowns, sondern das des zornigen Oktopus in Menschengestalt.
Oskar Kokoschka

Anton Kuh im Café Central. Zeichnung von Carl Josef. 1925

Damit sich Anton Kuh nicht beleidigt fühlt, müssen wir ihn gleich neben seinem Freund
Reissinger erwähnen. Die Kuhs haben einen bekannten Namen in dem österreichischen
Journalismus. Ein Kuh war einmal in einen berühmten Literaturprozeß verwickelt.
Emil Kuh soll ein großer Feind von Nestroy und ein Hebbelbiograph gewesen sein. Es gibt
einen Kuh, der den Prager jüdisch deutschen Journalismus schuf. Und Anton? Er spielt
(weil's in Oesterreich noch interessant ist) den Homosexuellen, aber nebstbei ambitionierte
es ihn, einige Jahre mit Bibiana, einer früheren Freundin Altenbergs, zu leben.
Die beiden waren die Pumpgenies von Wien. (Sie machten es noch viel geschickter als
Reissinger). Manchmal treibt Anton Kuh auch Journalismus. Schreibt im Nestroy-Karl
Kraus'schem Stil Theaterkritiken, trotzdem er eine ziemlich schmierige Broschüre
gegen Karl Kraus geschrieben hat.
Gleich neben Anton Kuh ist Egon Friedel zu erwähnen. Das ist ein sehr bekannter Herr,
der in seinem Leben schon sehr vieles trieb. Er schrieb chinesisch-philosophische Schriften,
wienerisch-provinziales Theater, trat im Kabarett auf, und gegenwärtig nennt er sich
den besten Altenbergkenner.
Emil Szittya. 1923

Egon Friedell. Zeichnung von Carl Hollitzer. 1906

Anton Kuh. „Central" und „Herrenhof"

Im Jahre 1918, gerade zur Zeit, als in der schmalen, adeligen Wiener Herrengasse, an den Toren des Ständehauses, das Jahrtausendreich der Habsburger von ein paar „Hoch"- und „Nieder"-rufenden, unter dem Namen „Deutschösterreich" sofort neue Geschichtskraft erweisenden Gruppen abgelöst wurde, trat eine Secession im Wiener Geistesleben ein, die zufällig dieselbe Gasse zum Schauplatz hatte.
Bis dahin war weit und breit ein einziges Literaturcafé vorhanden: das „Central".
Bibiana Amon, die Strahlende, als Gretchen von Peter Altenberg entdeckt, aber nun schon zur Helena erblüht, stand auf der obersten der drei Eingangsstufen, blickte zum Gewühl beim Landhaus, sah ihren Geliebten mitten drin und rief: „Gib acht, Anton! Die Revolution!" Die hinter ihr versteckten, neugierig aus den Spielzimmern gekrochenen Mumien stoben zurück. Sie aber muß sich damals mit ihrem Blick zu weit, nämlich zum Neubau gleich an der Ecke links vorgewagt und das neueröffnete Café „Herrenhof" gesichtet haben.
Denn kurz und gut, zwei Tage später, saß alles, was politisch und erotisch revolutionär gesinnt war, drüben im neuen Café – die Mumien blieben im alten.
Die Scheidung war folgerichtig.
Das Café „Central" wurzelte in den neunziger Jahren, im Frühimpressionismus, im Hermann-Bahrschen Reform-Österreich; hier hatte der abtrünnige Journalismus sein Dach, der Empörungswille junger Theater- und Musikrezensenten; weshalb es dann auch im Gebäude der ehemaligen Produktenbörse untergebracht war, weihevoll zwischen den Arkaden und Säulenhöfen des alten Liberalismus eingebettet.
Das Allerheiligste lag rückwärts und nannte sich Kuppelsaal. Nicht deshalb allein, sondern weil Rauch und Lärm dieses Viereckes hier ins Grenzenlose stiegen, zu einer Höhe, wo eine Kuppel kaum mehr sichtbar war. Aber diese

Kapellenhoheit, diese Unüberdachtheit des Qualms, bildete die Eigenart des Raumes.
In den anderen Trakten saß der Sozialismus, der Panslawismus, der k.k. Hochverrat; Dr. Kramarsch und Masaryk, slowenische Studenten, polnische und ruthenische Parlamentarier, gelehrte Arbeiterführer, der fanatische Leitartikel. Der Kaffee roch wunderbar und auf dem großen Rundtisch schichteten sich die Zeitungen in allen Landessprachen.
Dort hinten aber residierte das Feuilleton.
Es schleppte sich um die Jahrhundertwende als Rattenschweif Peter Altenbergs ein, des ersten und eigentlichen Kaffeehausdichters, der nebenan im alten Absteighotel „London" wohnte, inmitten improvisierter Liebespaare, aber als seine Adresse in den Kürschner eintrug: „Wien, 1. Bezirk, Café Central."
Über dem Tisch, an dem er saß, hängt heute ein hundsmiserables, veredeltes Bleistiftkonterfei: der Zahlkellner, der an den Gehilfen eine von hier ergangene Bestellung weitergibt, orientiert ihn durch den Zuruf: „Einen Schwarzen zum Altenberg!"
Der Heerbann machte sich breit. Als der Herr aus dem Hause war, seine monomane, bald im Selbstgespräch klappernde, bald jäh erzürnte Stimme die Luft nicht mehr zerteilte, zog affektierte, nobelknisternde Ruhe ein; ein Rentnergeist, der auf den leisesten, sensitivsten Sohlen ging, Hamsunismus, in Kartenspiel versunken.
Exzessiv, von Natur aus, war nämlich nur der Eine gewesen; die Apostel gaben sich eine stillere Haltung, trugen zugleich die wienerische Schopenhauer-Bitternis, die ihnen der junge Otto Weininger vermacht hatte, im schmerzhaft-vergreisenden Antlitz. Bankbeamte mit ethischen Hintergründen. Ihre Geste war: der durch Zufall unterbliebene Selbstmord; ihr Werk: die Rezension.
Modrig, grabeskühl roch es hier immer; nun aber war die Kapelle ein Asyl der Resignation, bewohnt von Klausnern, die sich alle gern den einstigen großen Karl V. vom Gesicht ablesen ließen.
Polgar Alfred – heute Klassiker – von so provokant in sich gekehrter Sanftmut, daß dieses Piano seines Wesens die Tassen erklirren machte, spielte Tarock; es war aber nicht das Tarockspiel eines Bürgers, es war Buddhas Flucht ins Tarock, sah man ihn so stundenlang sitzen, dann war gewiß der Gedanke kaum unterdrückbar: „Herrgott, was könnte aus dem Mann werden, wenn er hier nicht stundenlang tarockspielend säße!" Diesenthalben saß er und spielte.
Ähnlich war es bei allen. Sie schienen das, was sie hier trieben, nur nebenbei und resignationsmäßig zu tun, als Anonymitätsgeste ihrer Berufenheit. Der unbefangen-Eintretende allerdings hätte mit Recht darauf geschworen, nichts als zeitungslesende und kartenspielende Spießer vor sich zu sehen. Nur dem

tiefer Eingeweihten war das Trügerische dieses Eindrucks kund, er kannte die dünne Nuance zwischen Schein und Wirklichkeit, diese tägliche Zier des Abendblattes (gesammelt bei Ernst Rowohlt, Berlin).
So setzten sie hier Schimmel an bei blühendem Teint: Otto Weiningers Stern glomm auf ihren verweichten, vom Inzest halbscharfer, wehleidiger Beobachtungen verwitterten Mienen. Ihr Philosoph war der kleine, kurzsichtige Grüner mit der Schußnarbe auf der Schläfe. Im Frühjahr wurde zwecks Durchlüftung der Räume der Nebeneingang zur Straße geöffnet. Da sagte Grüner:
„Wenn die Tür zur Herrengasse geöffnet wird, ist der Frühling da."
War es da nicht eine Lust, wenn Bibiana, in ihrem Analphabetismus mißbraucht, trotz der „Pscht!" und „Ksst!" der Feintöner sich auf die Empore des Arkadenhofes stellte, ein Kapitel Dostojewskij vorzutragen?
Oder, wenn plötzlich ein Rummel im rückwärtigen Schachzimmer – wo auch Trotzki bekanntlich jahrelang mit Kopf und Knie, Züge überlegend, mitgezittert hat – die Halbwüchsige, die mit den ältesten Altkleiderhändlern der Monarchie um einen Gulden pro Partie Schach spielte, unter Verwünschungen hier hereinblies, weil sie den Tisch wirtschaftlich schon zu sehr geschwächt hatte?
Oder, wenn der verbettelte Dichter Otto Krzyzanowsky, schlottrig, knochig, häßlich, aber gebildet und edel und mit zwei Augen, die sich erpresserisch in jene Gegend des Mitmenschen einbrannten, die ein Franzose „Le manque du coeur" nennt – wenn er sich wie ein mors imperator vor dem Spielversenkten aufpflanzte und ihn mit spitz vorgestrecktem Zeigefinger verurteilte: „Zahlen Sie mir einen Pfiff Wein!"
Ach, es war eine Freude, da das qualvolle Dilemma der Gesichter zu sehen, mehrspaltige, spitzfindige Selbstquälereien über den Kampf zwischen Geben und Nichtwollen (oder eigentlich: zwischen Wollen und Nichtgeben) in einem Sekundenblick!
Als Krzyzanowsky dann verhungert war – er tat es aus gewissenbelastender Bosheit – erschienen sehr viele Feuilletons der Geber und Nichtgeber; die Geber hatten ihn oft gefrozzelt und beweinen jetzt das Original; die Nichtgeber aber fluchten den Frozzlern!
Ein Bohemien verhungert? Wie konnte das in der Stadt der Mildtätigkeit, in der schützenden, zechensichernden Luft des Literaturcafés geschehen?
Es war eine Tragödie. „Untreue am Stammlokal." Der Begriff „Stammgast", so gefahrlos und gemütlich, er wurde hier zum ersten Mal zu einem Aeschylos-Motiv. Nämlich so: Bis zur Gründung des gegenüberliegenden Cafés verbrachte der Betteldichter seine Tage und Nächte im „Central". Wenn er da in der Zeit von drei Uhr nachmittags bis zwei Uhr nachts auch nur eine Stunde fehlte, kam aus des einen oder anderen Bekannten Mund die Frage: „Was ist mit Krzyzanowsky los?"

Als jedoch das „Herrenhof" eröffnet wurde, versah der Dichter, dessen Gönner jetzt anfingen, sich in zwei Lager zu teilen, einen Pendeldienst. Sah man ihn einige Zeit nicht in dem einen Lokal, so wußte man: „Aha, er ist drüben."
So kam es, daß den Besuchern der beiden Kaffeehäuser mit der Zeit Krzyzanowskys Abwesenheit weniger auffiel.
Eines Tages fragte wieder jemand nach Krzyzanowsky. „Er wird drüben sein", gab man ihm zur Antwort. – „Nein, ich komme von drüben, da ist er auch nicht." Leute, die die Gepflogenheit hatten, beide Lokale zugleich zu frequentieren, stellten jetzt fest, daß sie Krzyzanowsky schon mehrere Tage nicht zu Gesicht bekommen hatten.
Man beschließt, in die Vorstadt hinauszufahren, wo Krzyzanowsky wohnt. Der kleine, böhmische Schustergeselle, bei dem er sein Kabinett hat, öffnet den gutgekleideten Herren voller Staunen. „Kommens S' nur weiter", sagt er, die Hand an der Klinke, und als sich die Tür hinter ihm schließt: „. . . nämlich der Herr Krzyzanowsky ist gestern gestorben."
Man vernahm, daß der Arme, an Grippe erkrankt, seinen Quartiergeber während der letzten Tage immer wieder zu bestimmen versucht habe, doch ins „Central" oder „Herrenhof" zu gehen, wo „seine guten Freunde sitzen". Der Schustergeselle nahm das für Fiebergerede. „Wissen S'", sagte er voll Verlegenheit, „ich hab doch net glauben können, daß so feine Leut mit ihm verkehren." Die feinen Leute zogen stumm von dannen.
. . . und um diese Zeit war auch das „Central" gestorben.
Die Grabrede hielt dem armen Ottfried (der übrigens, ohne daß ich mit dieser Feststellung Franz Werfel kränken will, niemanden so gehaßt hat wie den Helden Ferdinand aus „Barbara") kein Hinterbliebener von hier, sondern bereits der Dr. Franz Blei. Er nannte ihn zwar in seiner Anrede immer „Othmar" statt „Ottfried", was an den weihevollen Punkten der Rede verwandtschaftliche Soufflierzischer ergab, aber er sprach gerechterweise schon namens der Besseren, Hungertodwürdigeren – namens des „Herrenhofes".
Bruder, das war doch etwas anderes!
Ein breites, helles, prächtiges, unpersönliches, bourgeoises Familiencafé. Emanzipation von süffisantem Bohemegeruch. Der Kaffeesieder äugte weniger voll Wohlwollen als voll Mißtrauen.
Patron war nicht mehr Weininger, sondern Dr. Freud; Altenberg wich Kierkegaard; statt der Zeitung nistete die Zeitschrift, statt der Psychologie die Psychoanalyse und statt des Espritlüftchens von Wien wehte der Sturm von Prag.
Daher war die Luft zunächst antiwienerisch, europäisch. Man debattierte zwar wieder (was durch Tarock, Schach und Poker bereits aus der Mode gekommen war), aber nicht mittels Bonmots und Pointillismen, sondern mit

Skalpmesser und unter gleichzeitiger Wegnahme einer Geliebten. Das war vor allem der Fortschritt: es ging an jedem Tisch Wichtigstes, Beziehungsvollstes vor, oft unter Begleitung von Kokain – ja, und an die Stelle des Wortes „Verhältnis" war jetzt überhaupt die Vokabel „Beziehung" getreten.
Der Aktivismus zog ein: Werfel, Robert Müller, Jakob Moreno-Levy.
Des Letztgenannten philosophische Einbildung, jeder sei sein eigener Gottvater, er aber vor allem, hatte einmal zur Folge, daß er, als ich arglos vor mich hinseufzte: „Ach, um Gottes willen...", rasch vom Nebentisch herbeigesprengt kam und fragte:
„Bitte, wollten Sie etwas von mir?"
Die Menschen waren jung und der Kommunismus auch.
Es war das Heldenzeitalter. Der geniale Otto Groß, Champion der literarischen Bestohlenheit, Psychoanalytiker auf Barrikadenhöhe (Lebensweg: Sohn eines Kriminalwissenschaftlers, Dozent, Anarchist, Schiffsarzt, Ehe, Entmündigung, Giftmordverdacht, Irrenhaus, Schriftsteller, Heilanstalt, Tod) sprang alle zwei Minuten auf und nahm irgendeine Frau oder einen Mann auf seine peripathetischen Hüpfgänge durchs Lokal mit – er konnte nicht anders die letzte Konsequenz eines Gedankens entwickeln.
Der brave Melcher, Danton aus Ottakring, baumlang, stark, schön, machte in marxistischem Deutsch Liebeserklärungen. Ernst Pollak aus Prag, Geburtshelfer Werfels, Kornfelds, Franz Kafkas, zerteilte mit messerscharfer Nase und Rede den Dunst, man orientierte sich jener und dieser entlang über die Zweckrichtung des Beisammenseins. Einstmals (Frühjahr 19) saß ein junger Bursche neben ihm, ich dachte: linker Flügel, Kurt Wolff. Da flüsterte der Neuling auf schwäbisch zu mir:
„Was sagst du zu dem Geiselmord?"
Ich erfuhr, daß es ein Schlächtergeselle war, dem Münchner Staatsanwalt entronnen, und daß ihm daheim gesagt wurde: „Im „Herrenhof" sitzen die Dichter – da kann man bei jedem auf dem Kanapee übernachten."
Ich wollte noch sagen, daß die Frauen im „Herrenhof" viel schöner waren als im „Central". Kein Wunder, sie wurden nicht vernachlässigt; sie kiebitzten nicht dem Spiel, sondern bildeten es. Es ging um sie vom Augenblick an, wo sie sich hoffnungs- und übergangsfroh, auf Bestimmungen wartend oder von ihnen ausruhend, hier festgesetzt hatten, bis zu ihrer letzten Zermürbung, toll und heiß zu. Sie hatten sich oft ahnungslos in diesen Bärenzwinger der Eitelkeit verlaufen und waren unrettbar.
Oder sie retteten sich, aber dann war es immer ein Todesstoß fürs Café. Denn die trübseligen Hinterbliebenen konnten dann weder vom Standpunkt des Geistes noch des Fleisches die Einsicht verwinden, daß – um bei dieser Parallelen der beiden Cafés zu bleiben – wie das „Central" ein Asyl männlicher Resignation, das „Herrenhof" eine Remis für wartende Frauen war. Also ein Bürgercafé wie jenes.

Das Café Herrenhof

Café Herrenhof. Wien 1, Herrengasse. Photographie. 1937

Junge Männer, die sechs Stunden über einem Kapuziner gesessen und ein Heft nach dem andern vollgeschrieben hatten, kündigten plötzlich die Annahme ihres Manuskriptes durch eine Bestellung von zwei Eiern im Glas mit einem Butterbrot an.
Hilde Spiel

Das Café „Herrenhof" jedoch, unvergeßliche Kinderstube so mancher, die heute in Österreichs Literatur das Orakel spielen, währte nicht kürzer und nicht länger als die Erste Republik.
Hilde Spiel

Das jüngste Café Größenwahn in Wien ist das Café Herrenhof. Die Hauptattraktion in diesem Café ist Ernst Pollak. Ueber diesen Herrn ist zu berichten: Er stammt aus einer sehr reichen Prager Judenfamilie. Seine Berühmtheit datiert daher, daß er mit allen Berühmtheiten Prags: Max Brod, Werfel, Kafka schon einige Nächte durchgesoffen hat. (Die Zeche bezahlt immer er.) Besonders imponierte in Künstlerkreisen, daß er die Tochter eines bekannten Prager Universitätsprofessors entführt und geheiratet hat. Er ist auch schon deshalb symphatisch, weil er der Einzige in Wien ist, der niemals gedichtet und gemalt hat, sondern ein fast vernünftiger Bankbeamter ist. Er ist der einzige Mensch im Café Herrenhof, den man immer anpumpen kann. Er hat eine sehr schöne Wohnung, und es gibt wenige Künstler in Wien, die bei ihm noch nicht gepennt haben. Seine einzige künstlerische Betätigung besteht darin, daß man von ihm das Kokainnehmen lernen kann.
EMIL SZITTYA. 1923

Die Zeitungswünsche ihrer Stammgäste waren den Kellnern des Café Herrenhof selbstverständlich bekannt und wurden automatisch befriedigt, so daß es sich erübrigte, eine bestimmte Zeitung eigens anzufordern; wenn sie nach zwei Minuten noch nicht dalag, war sie gerade „in der Hand" und würde binnen kurzem nachkommen. Es löste daher Überraschung aus, daß Dubrovic eines Tags nach dem „Hamburger Fremdenblatt" rief, das zwar als eine der damals führenden Auslandszeitungen auch im Café Herrenhof auflag, aber von niemandem, den wir kannten, gelesen wurde. Wir wußten nicht einmal, wie es aussah.
Was der Kellner Albert herbeibrachte und dem wartenden Dubrovic übergab, war eine Zeitung von ungewöhnlich großem Format, größer noch als die Londoner und die New Yorker „Times". Dubrovic begann jedoch nicht etwa zu lesen, sondern hielt das Riesending zur allgemeinen Besichtigung hoch:
„Also bitte", sagte er. „Und die schicken mir etwas wegen Raummangel zurück!"
FRIEDRICH TORBERG

Café Herrenhof. Interieur mit Telephonzellen. Photographie. 1937

Das Café Imperial

Café Imperial. Interieur mit Bildern von Moritz von Schwind. Photographie. Um 1920

Selbst die großen Einsamen trieb es immer wieder in die trauliche Atmosphäre des
Kaffeehauses. Anton Bruckner pflegte im Imperial die Jause zu nehmen, wo ihn
Herr Kaffeesieder Frohner ehrfurchtsvoll-diskret begrüßte und ihm ein besonders großes
Stück Guglhupf servieren ließ, ein Protektionsportionderl also, das als kleines Stück
angerechnet werden mußte. Auch Gustav Mahler, immer in Eile,
ließ sich, als er noch ledig war, öfter hier sehen.
Helmuth Burgert

Eines Tages wurde Kraus auch das Schachzimmer zu belebt. Er etablierte sich dann im
„Café Imperial" auf der Ringstraße. Nur wenige waren dort zugelassen. Fritz Eckstein
zum Beispiel, der Mäzen von Hugo Wolf und Anton Bruckner. Kraus duldete später auch
Berthold Viertel, bald sein intimster Freund, und den Kunsthistoriker Ludwig Muenz.
Eine Zeitlang residierte er auch im „Café Pucher" am Kohlmarkt,
in der sogenannten Werfel-Zeit.
Rudolf Forster

Karl Kraus sagte zu Sigismund von Radecki: „Sollte ich jemals einen Roman schreiben,
so würde der in zwei anliegenden Kaffeehauszimmern spielen und einen Zeitraum von
zwanzig Jahren umspannen."
Und die Handlung, fragte Radecki?
„Die Handlung würde darin bestehen, daß sich ein Kaffeehausgast aus einem Zimmer
ins andere setzt."

Als das freundliche alte Café von einem jungen Meister erneuert werden sollte und man lange nichts sah, da sah man zwar noch nicht die Klaue des Löwen, aber ein Löwenkopf hing doch schon an der Fassade und hielt einen Ring im Maul. Er hat einen Zweck, dachte ich mir. Er wird der künftigen Beleuchtung dienen. Geduld, dachte ich, zum Beleuchten einer finstern Gegend gehört vor allem ein Löwenkopf. Den hat man und dann wird man sich schon durchfretten.
KARL KRAUS, 1922

Aber ein ungewöhnlicher Glanz kam in diese Räume, wenn Gustav Mahler das Café Imperial betrat, nachdem er Wiener Operndirektor geworden war. Mahler kam hieher entweder am Abend, bevor die Vorstellung begann, oder in der Nacht, also nach der Vorstellung. Er brauchte das Kaffeehaus, um sich zu entspannen, mit Freunden über seine künstlerischen Pläne zu sprechen, um zu debattieren und seine Gedanken herauszuarbeiten.
MAX GRAF

Was wäre aber ein solcher Stammtisch, wenn an ihm nicht auch der Witz mitzureden hätte! Einer der zwei Männer, von denen alle aktuellen Wiener Witze der damaligen Zeit herstammten – Julius Bauer und Béla Haas – gehörte unserem Kreis an. Niemand hätte dem stets düster, ja melancholisch dreinblickenden Béla Haas ansehen können, daß dieser Mann, der wie ein trauriger Wüstenscheich aussah, die meisten eleganten Gesellschaften Wiens mit Witzen versorgte. Seine Aussprüche waren stets geistvoll, beißend und treffend, und keiner hat an ihnen mehr Spaß gehabt als Johannes Brahms. Freilich hat Béla Haas auch Brahms nicht mit seinem Witz verschont. Als ich ihn einmal fragte, ob Brahms, der immer so ernst dreinschaute, auch lustig sein könne, sagte er mir: „Oh, gewiß! Wenn Brahms lustig ist, geht er nach Haus und komponiert eine Kantate: ‚Der Tod ist meine Freude'." Der bekannte Witz, wonach Brahms einmal beim Verlassen einer Gesellschaft der Hausfrau sagte: „Bitte um Entschuldigung, wenn ich vergessen haben sollte, einen Ihrer Gäste zu beleidigen", wurde von Haas erfunden. Sein Witz war niemals wohlwollend, traf aber immer ins Schwarze.
MAX GRAF

Das Café Sperl

Ganz in der Nähe aber war das Café Sperl, wo man nach dem Speisen hinging, den Mokka zu schlürfen. Da saß man an den runden Tischen, deren Marmorplatten so weiß und glatt waren, daß man wirklich nicht umhin konnte, sie zu beklecksen. Die jungen Künstler hatten massenhaft Zeit und blutwenig zu tun. Schon um das Zeichnen nicht zu vergessen, zeichneten sie die Tische voll. Sie standen sich selber Modell dabei oder skizzierten rasch durchs Fenster, was auf der Straße vorging; den Karrengaul und den Laternenanzünder, den Engel aus der Engelgasse und die Krowotin mit der Butte. Oder sie ergingen sich in luftigen Luftschlössern und der Ornamentik der Zukunft. Diese Sachen waren oft so brillant, wie man sie für Geld gar nicht macht, weil der Begriff Geld ihnen schon ganz von selbst einen Parfüm von Schnödigkeit mitteilt. Selbst die Kellner waren oft gerührt und hatten nicht das Herz, diese Sachen wegzuwaschen, sondern ließen sie die ganze Woche unbehelligt, bis ja schließlich doch der Schwamm darüber ging. Kollege Stöhr war es, der diesem Unfug ein Ende machte. Warum auf die Tische zeichnen, die die Vergänglichkeit bedeuten, und nicht lieber auf Papier, das bekanntlich ewig ist? Das auch in einem Album, in einer Mappe aufbewahrt werden konnte und künftigen Geschlechtern künden mochte, wie viel ungenutzte Schöpferkraft in diesen Händen mangels an Aufträgen brach verkam. Jenes Album im Café Sperl aber wurde immer dicker und reicher, und ein zweites und drittes folgte. Es wurde eine humoristische Kunstgeschichte der Wiener Neuzeit, eine Sammlung fliegender Blätter zur Illustrierung eines ungeschriebenen Wiener Vasari vom Ende des neunzehnten Jahrhunderts.
LUDWIG HEVESI. 1905

Schon in meiner Jugend, ich glaube, ich war noch auf der Akademie, wurde ich in einen Freundeskreis aufgenommen, der sich aus Malern, Bildhauern, Musikern, Architekten und einigen Beamten zusammensetzte und der, allerdings arg zusammengeschmolzen – es sind jetzt sechzig Jahre her – heute noch besteht:
An jedem Samstag versammelten wir uns nachmittags im Café Sperl in der Gumpendorfer Straße und verbrachten den Abend, oft bis in den Morgen hinein, meistens im danebenliegenden uralten Gasthaus „Zum blauen Freihaus".
Eine Zeitlang vertrieb man sich im Café den Nachmittag mit dem beliebten Tarockspiel, dann wieder mit Zeichnen von Karikaturen, zuerst auf den Marmortischen, dann auf losen Papierblättern.
JOSEF ENGELHART

Café Sperl, Treffpunkt der bildenden Künstler. Oben: Interieur. Photographie. Um 1900.
Unten: Zusammenkunft der Hagen-Gesellschaft. Photographie. 1935

Das Café Museum

Café Museum von Adolf Loos (1899). Wien 1, Ecke Friedrichstraße/Operngasse. Oben: Außenansicht.
Photographie. Um 1900. Gegenüberliegende Seite: Fensterplatz. Photographie.
Um 1930. Folgende Doppelseite: Interieur. Photographie von Gerlach. Um 1900

Also saßen wir täglich schräg gegenüber der Sezession in der „schwarzen Kaffee-Ecke des
Café Museum" im engen Kreis, wo es ein Zeichen der Auserwähltheit war, zum
Stammtisch zu gehören, dessen regelmäßige Besucher außer Wagner auch die Begründer der
Wiener Werkstätte waren, und Gustav Klimt, der malende Genius dieser Zeit.
Olbrich, der früh nach Darmstadt ausgewandert war, gehörte geistig dazu. Fünf Jahre
lang, bis zu meinem Weggang aus der Wiener Heimat Anno 1906 verkehrte ich
täglich hier nach Tisch in der ereignisvollen „schwarzen Kaffeestunde", in der täglich die
Welt niedergerissen und neu aufgebaut wurde, natürlich schöner und besser als es die
alte war. Das war ein erfrischender Sport, eine geistige Gymnastik, stählende Übung, harte
Psychologie, der ich mit Freuden gedenke. Wir saßen im Mittelpunkt der Welt, und
der innere Gewinn war unwägbar. Weltkenntnis, Erfahrung, Verbindung, keine
Hochschule der Welt konnte solche Schätze geben. Was damals Bedeutung hatte in der
europäischen Kunst, kam auf Gastrollen nach Wien, in die Sezession und an unseren Tisch.
Hodler und andere namhafte Schweizer Künstler, alle großen Deutschen von Lichtwark
an, die Schweizer, die Finnen, die französischen Impressionisten, die Schotten, die
berühmten Engländer, die Russen, die Spanier. So rückte unsere Fensterecke im Café
Museum über die persönliche Bedeutung hinaus, die sie für mich hatte, in historische
Beleuchtung und gehört ebenfalls schon zum alten gemütlichen Wien, wie nahe uns auch
diese Zeit liegt.
J. A. Lux. 1922

Café Museum wurde von dem Altenbergfreund Adolf Loos gebaut. Er ist zwar Deutsch-Böhme, aber wie alle Böhmen in Wien, so ist auch er ein typischer Wiener. Man sagt, daß Wenzel vor Kolumbus Amerika entdeckt habe. Die Böhmen haben Wanderblut im Leibe. (Sie konkurrieren um das Ahasverische mit den Juden). Loos war auch in Amerika, das hat ihm einen Klaps geschenkt. Er glaubt, nur die amerikanische Kultur habe eine Existenzberechtigung. Er sagt: „Kunst ist die Romantik primitiver Völker. Kulturentwicklung ist, wie Amerika beweist, ein sich Entledigen von Kunst und Praktischwerden." Loos' Karriere in Wien begann mit einem wüsten Streit. Er baute in Wien ein ganz merkwürdig aussehendes amerikanisches Haus. Die ganze Wiener Presse brauste dagegen auf. Loos wurde verhöhnt, verlacht. Die guten Weaner heulten, der Loos verschandelt ja die schöne romantische Kaiserstadt. In Wien ist alles möglich. Karl Kraus, der doch im Kern auch Romantiker ist und der mit Recht einen Abscheu gegen unsere nur praktisch werdende Zeit hat, verteidigte Loos. Der Architekt wurde in Wien berühmt. Er war elegant gekleidet, machte jahrelang für Wien die Mode. Alle alten reichen Frauen in Wien waren in ihn verliebt. Man überhäufte ihn mit Aufträgen, und er wurde allmählich, wie es sich für einen Wiener Böhmen ziemt, trotz seiner Abneigung gegen die Kunst, der Verfechter der modernen Kunst. Er half, für Altenberg Propaganda zu machen. Er war es, der als Erster in Wien für Oskar Kokoschka eintrat. Man erzählt, er wäre auf Kokoschkas Ausstellungen gegangen und habe geschrieen: „Dies und dies Bild kaufe ich!" und habe jeden reichen Menschen gezwungen, Bilder zu kaufen.
EMIL SZITTYA. 1923

Adolf Loos und Peter Altenberg. Photographie. Um 1910

Café Museum. „Gibson-room" mit Blättern des amerikanischen Zeichners
Ch. D. Gibson. Photographie. Um 1900

Von jetzt an ist Loos geborgen, denn er hat die Sache gut gemacht. Etwas nihilistisch zwar, sehr nihilistisch, aber appetitlich, logisch, praktisch. Und ungewohnt, was auch ein Verdient ist. Man glaubt gar nicht, wie schwer es ist, ungewohnt zu sein und doch einleuchtend zu bleiben. Es ist gewiß „neu", ein Billard mit rotem Tuch zu beziehen, wie in der Kärntnerstraße geschehen, daß es aber „gut für die Augen" sei, möchte ich nicht behaupten. Jedenfalls sollte auch gleich ein Fläschchen gelbes Augenwasser dabeistehen, mit einem Spritzlein. Bei Loos sind die Billards trotz des grünen Tuches vorzüglich und sehen, obgleich sie eigentlich Empire sind, recht neu aus, mit ihren metallenen Schuhen usw. Wie weit Loos Künstler ist, ja ob er es überhaupt ist, muß erst die Zukunft erweisen. In diesem Erstlingswerk geht er allem, was Kunst heißt, in weitem Bogen aus dem Wege. Er will den reinen Gebrauchsgegenstand machen. Schön ist ihm, was handlich ist; Stil, wenn das gebogene Holz so gebogen als möglich ist. Trotzdem hat er ein Gibson-Zimmer eingerichtet, wo die Wände mit Blättern des amerikanischen Zeichners Charles Dana Gibson behängt sind. Es scheint also Kunst zu geben, auch für ihn, und auch in einem Kaffeehause. Wie gesagt, in einigen Jahren wollen wir mal sehen, was von seinem System übriggeblieben ist. Ich glaube, Wien wird ihm auf die Länge Chicago austreiben.
LUDWIG HEVESI. 1899

Ein merkwürdiges Ereignis ist seit einigen Tagen Gesprächstoff in „engeren Kreisen": Wien hat ein neues Café bekommen! Sie meinen das „Café Secession"? Nein, wir meinen das „Café Museum". Vielleicht könnte man's „Café Antisecession" nennen, denn was modern daran ist, hat mit dem, was man hier unter „Secession" versteht, nichts zu thun. Für die Secession ist die Tradition nichts, für den Architekten Adolf Loos alles. Die Secession arbeitet mit dem Ornament, Loos ist der Ornamenten-Tödter. Die Secession will dem Kunstgewerbe die Individualität des schaffenden Künstlers aufprägen, Loos geht von der „Individualität" des jeweiligen Materials aus. Die Secession arbeitet decorativ und strebt dahin, die Construction der Decoration anzupassen; Loos arbeitet alles aus der Construction heraus. Die Gegenüberstellung liesse sich noch eine ganze Weile fortsetzen, bis in alle Ecken und Winkel hinein; aber sie würde hier zu weit führen.

Was haben wir mit diesem Café gewonnen, was lehrt es uns? Viel. Denn es zeigt, dass Einfachheit und Vornehmheit aus einem Quell entspringen: aus der Klarheit. Es verzichtet auf alles, was überhaupt irgend entbehrlich ist; es zeigt nicht nur, wie das Nützliche im Schönen, sondern wie das Schöne im Nützlichen enthalten ist. Zwei Gesichtspunkte sind massgebend: jedes Material kann nur seine Sprache reden, und daraus folgt, daß Messing nicht wie Gold, Fichte nicht wie Mahagoni und Wachstuch nicht wie Marmorplatten „wirken" darf. Man führe das bis zur strengsten Consequenz durch, und man wird stets etwas Echtes und Schönes erzielen können.

WIENER RUNDSCHAU. 1899

„Redaktionsort" Café Museum für die parodistische „Zeitung für das secessionistische Dorf". 1898

Stammgäste des Café Museum. Zeichnung von Sigmund Skwirczynski. Um 1910

Im von Loos erbauten Café Museum verkehrten sehr viele berühmte Künstler. Als Franz Lehár noch nicht der berühmte Komponist war, war dieses Café sein Stammlokal, und er hatte sogar seinen Stammtisch. Heute findet er es, wie es sich für einen Großen ziemt, unter seiner Würde, zwischen den Bohèmiens zu verkehren.
Aber das Café ehrt es sehr, daß auch einmal ein sehr Großer dort geweilt hat, und der dankbare Cafétier errichtete über dem Stammtisch eine Lehárstatuette.
Unter die Stammgäste, die auch einen Anspruch auf eine solche Statuette haben, gehört Franz Werfel, der von Tag zu Tag dicker wird und über den man erzählt, er habe sehr wenig Glück bei Frauen. (Das ist sein größtes Unglück.) Er soll auch sehr schwer anzupumpen sein. Er ist heute übrigens der Mensch, der die meisten Empfehlungsbriefe für junge Dichter an Verleger gibt ... Er liest die Werke gar nicht, weil er weiß, daß ihm niemand glaubt und kein Verleger ein von ihm empfohlenes Buch annimmt ...
Emil Szittya. 1923

**Stammgäste des Café Museum, vor allem aus der Welt der Musik.
Zeichnung von Sigmund Skwirczynski. Um 1910**

Stammgäste: Der Zeichner Carl Hollitzer (l.), die Literaten Roda Roda (M.)
und Carl Rössler (r.). Photographie. 1934

Lieber Herr Ficker!
Ich bitte Sie dringlich mir 40 K zu leihen, da ich mich augenblicklich in einer sehr
armseligen Lage befinde. Ich bin seit einer Woche in Wien um meine Angelegenheiten
endgültig zu ordnen. Ich weiß nicht, ob es mir gelingen wird, aber ich will jedenfalls alles
versuchen. Deshalb möchte ich nicht früher Wien verlassen, als bis alle diese Dinge
klargestellt sind. Ich wäre sehr erfreut, Sie morgen, Donnerstag, um 2 Uhr nachmittags
im Kaffee „Museum" treffen zu können. Falls es Ihnen unmöglich sein wird zu kommen,
bitte ich Sie mir einige Zeilen zu schreiben.
Ihr ergebener
Georg Trakl
Georg Trakl. 1913

Anderntags rief mich Musil an. „Gestern war ich auch im Café Museum. Aber Sie waren in
dem kleinen Gibson-Zimmer in so eifrigem Gespräch mit einem Herrn und ich wollte
Sie nicht stören. Ich war mit Broch. Mit wem waren Sie?" fragte er. „Mit meinem
Freund Joseph Roth", antwortete ich. Musil äußerte den Wunsch, Roth
kennenzulernen.
Soma Morgenstern

Architektur und Kaffeehaus

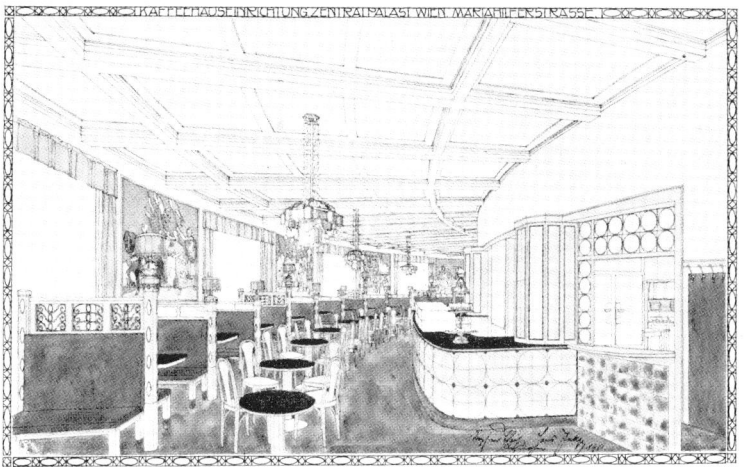

Entwurf einer Kaffeehauseinrichtung von Siegfried Theiß und Hans Jaksch. 1911

Der hat die grössten Wirkungen, der sich nicht für einen Künstler hält. Und es ist besser, sich in Wien ein Caféhaus nicht vom Architekten, sondern vom Möbelhaus einrichten zu lassen. Die Caféhäuser, die vom Architekten gemacht sind, sind entschieden schlecht. Das geschmacklose Astoria ist gut, da der Mann Geld damit verdient, da es für eine gewisse Klasse, die dort verkehrt richtig ist. Wirklich ausgezeichnet ist Café Bristol von Bamberger eingerichtet. Bis auf das Portal, das ist schlecht. Aber das Innere ist vorzüglich, weil es nicht modern wirken will.
ADOLF LOOS. UM 1913

Das gewöhnliche Wiener Café. Wie soll das Draussen beschaffen sein?
Das, worauf der Cafetier das meiste gibt, wovon er sich am meisten erhofft, das Schild, ist das Allernebensächlichste. Die Menschen des neunzehnten und zwanzigsten Jahrhunderts leben ganz anders als die Menschen der früheren Jahrhunderte. Wir leben nicht mehr hinauf, sondern horizontal.
ADOLF LOOS. UM 1913

Café Capua von Adolf Loos (1913). Wien 1 (nicht mehr erhalten). Photographie von Gerlach.
Um 1915

„Peter, warum heißt das Café von meine berühmte Mann, Arkitekt Loos, C ä p ü ä ?!?"
„Das kann ich nicht erklären!" „Old idiot!"
„Als nämlich die römischen Legionen — — — "
„Peter, don't be foolish, what's that, L e g i o n e n ? ! "
„Hööö — — — die Soldaten, die Offiziere — — —."
„Ah, the officers — — — !" Das verstand sie.
„Als die römischen Offiziere in Cäpüä zu lange verweilten — — —."
„Peter, idiot, what's that , v e r w e i l t e n ' ? ! "
„They were staying there too long time — — —."
„Aha!" „wurden sie unfähig — — —."
„What's that , u n f ä h i g ' ? ! " „They could not more — — —." „Aha!"
„They could not more go in the war, sie konnten nicht mehr in den Krieg ziehen!"
„What's for connex with the coffeehouse of my grand Dolf?!?"
„Wer dort s i t z t ,
fühlt sich s o w o h l, daß er nicht mehr kann gehn a n d e r s w o h i n ! "
„Ah, my Dolf is de greßte Arkitekt von de ganze Welt!"
„Zerspring!"
Peter Altenberg. Café Capua. 1915

Kaffeehausterrasse (oben) und Hauptraum eines Kaffeehauses (unten).
Entwurf von Josef Hoffmann. Werkbundausstellung im Österreichischen Museum
für Kunst und Industrie, Wien. 1930

Das Café Dobner

Café Dobner, eines der ältesten noch existierenden Wiener Kaffeehäuser. Wien 6, Linke Wienzeile.
Photographie. Um 1900

Café Dobner in Wien ist vielleicht das älteste und interessanteste internationale Artistenlokal in Europa. Es gibt dort ein merkwürdiges Durcheinander-Publikum. Halbweltliche, die noch auf der Höhe ihres Berufes stehen. Die Mitglieder aller Wiener Operettentheater. Jeden Nachmittag eilt durch das Lokal der bekannte Wiener Operettenkomponist Bodansky, der neben seinem Beruf unter dem Namen Danton schlechte anarchistische Gedichte schreibt, die er in der anarchistischen Zeitschrift „Erkenntnis und Befreiung" publiziert. Das Hauptoriginal des Cafés ist Schoma Wassermann, der vor 20 Jahren in Siebenbürgen Bauernaufstände organisiert hat, aber wegen kleiner Unregelmäßigkeiten aus der Partei ausgeschlossen wurde und heute als der meistbegehrte Alphons der schönsten Wiener Prostituierten lebt.
Emil Szittya. 1923

Vom Zeitunglesen im Kaffeehaus

Im Lesezimmer. Wiener Werkstätte-Postkarte von Moriz Jung. Um 1910

Man kann dasselbe Gedränge wie einst um die Karten um die Zeitschriften beobachten; das gemächliche Lesen der älteren Herren hat aufgehört, man kann die Blätter höchstens bloß durchblicken, denn zehnerlei strecken ihre Hände nach einem Blatte, wenn sie bemerken, daß man endlich auf die letzte Seite gekommen ist.
Theaterzeitung. 1849

Den größten Posten im literarischen Budget des kaufenden Publikums beziffern bei weitem nicht mehr die Bücher, sondern die Zeitungen. Jedes Kaffeehaus ist eine Leihbibliothek, fast jeder größere Cafetier gibt zwei- bis dreitausend Gulden für seine Zeitungen aus. Welcher Fürst gibt das für seine Bücher aus?
Ferdinand Kürnberger. 1873

Kaffeehaus in Wien 7, Burggasse. Photographie. Um 1900

Ach, die Zeitungen! Sie hängen wie graue Fahnen an der Wand, sie türmen sich auf Tischen und Sesseln. Die letzten Ereignisse, Bühnenerfolge, Durchfälle sind hier kurzerhand greifbar gegenwärtig. Ausführlich, stundenlang werden die Spalten studiert.
Werner Riemerschmid

Der Kaffeehausleser gelangt dahin, jeden Artikel, jedes Feuilleton, Alles, was mehr als hundert Zeilen lang ist, ungenießbar zu finden. Er hört überhaupt auf zu lesen, er „blättert" nur mehr. Zerstreuten Blickes durchfliegt er die Zeitungen — ein Dutzend in einer Viertelstunde — und nur das Unterstrichene, das „Großgedruckte", nur gesperrte Lettern vermögen sein Auge noch ein Weilchen zu fesseln. Er wird unausstehlich blasirt. Er braucht, um aus seiner öden Gedankenlosigkeit aufgerüttelt zu werden, etwas „Sensationelles", wie der verlebte Wüstling raffinirter Ausschweifungen bedarf, um noch eine Reizung zu empfinden.
Das Wiener Kaffeehaus verschlingt unsere Intelligenz und unsere Bildung. In diesem dunstigen, rauchigen Schlunde liegt unser literarisches Leben begraben.
Edmund Wengraf. 1891

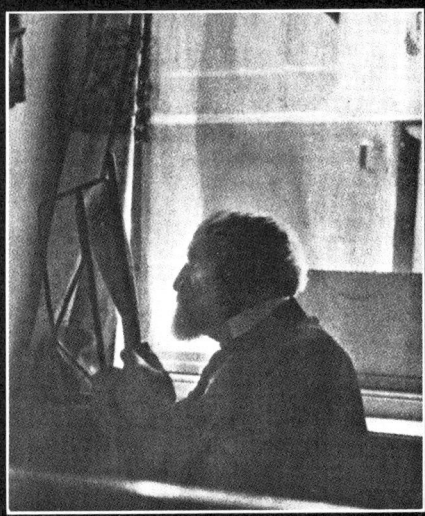

Oben: Inniger Leser. Photographie von Otto Skall. Um 1930.
Unten: Inserat des Café Central. 1919

CAFÉ CENTRAL
Wien I, Herrengasse Nr. 14

Der geistige Treffpunkt Wiens,
ebenso die Zusammenkunft
aller Weltschachmeister

Die gesamten Tagespressen des
In- und Auslandes und alle schön-
geistigen Zeitschriften liegen auf

Der Zeitungsmarder recrutiert sich zumeist aus der Gilde der pensionierten Beamten oder der glücklich von iehren Renten lebenden Privatiers. Seine Zeche ist klein, sein Trinkgeld mager, aber seine Bedürfnisse übermässig. Zuerst muss der Marqueur die sämmtlichen verfügbaren Zeitungen zur Stelle schaffen, hinter einer papierenen Barricade versteckt, lauert er auf jeden anderen Zeitungsleser, und kaum dass derselbe nur einen Augenblick das Blatt aus der Hand legt, schleicht der Marder mit leisen Tritten hin und erfasst mit raubthierartigem Griffe seine Beute. Immer höher thürmt sich der Vorrath an gedruckten Blättern, und nun beginnt das Studium – Zeile um Zeile wird gekaut und verschlungen, da gibt es kein Inserat, welches nicht zuerst von allen Seiten besehen und dann gelesen wird. So sitzt er stundenlang zum Entsetzen der Bedienung, zur Verzweiflung der übrigen Gäste, denen er auch die bescheidenste Lectüre missgönnt, auf einigen Zeitungen sitzt er, mehrere hält er unter dem Arme, auch auf seinem Schosse, balanciert er welche, und ein unheimliches Knurren verscheucht jeden Versuch, ihm auch nur ein bescheidenes Stück seines Raubes zu entlocken.

JUBILÄUMSFÜHRER DURCH WIEN. 1898

Oben: Zeitungsmarder. Zeichnung von F. Gareis jun. 1898.
Unten: Die Zeitungsliebhaberei. Stich von J. Ch. Schoeller und A. Geiger.
Gegenüberliegende Seite: Caféhausleser. Zeichnung von Ferry Beraton. 1897

In den Wiener Kaffeehäusern werden die Zeitungen an ein besonderes Brett, woran ein Stab ist, mit dem sie eingeklemmt sind, mit einem Schloße festgeschlossen. Solche Bretter liegen wohl ein Paar Dutzend herum. Diese Erfindung ist nicht übel, damit die einzelnen Blätter nicht verworfen und verschleppt werden.
FRIEDRICH NICOLAI. 1781

Und dann wie wohlfeil kommt diese Zeitungsliebhaberei, wie sie in den Caffeehäusern so herrlich gedeiht, zu stehen? Man läßt sich vom Marqueur eine leere Pfeife reichen, bläst die höchsteigenen drei Könige von Hainburg aus dem, an Obstructionen leidenden Rohre in die vier Winde hinaus, schwelgt im Anblick einer, Knigges „Umgang mit Menschen" absolvierter, Cassierin, und des schwarzen Zuckers, den ihre semmeltaigweiße Hand, zur Versüßung dieser Caffeehausbitternisse, zu Maulwurfshügeln aufschüttet.
Uns was alles hat man für den Groschen, den man mit Noblesse-Anstrich als Marqueur-Gratification auf die Tasse hinwirft, aus dem Blättern des Tages erfahren? Jetzt weis man, wie die Völker à la guerre spielen, oder harmlos beim gemütlichen langen Puff ihr Friedenspfeifchen schmauchen, wie sich die großen Charaktere der Gegenwart gegenseitig im Schach halten, und die kleinen Journalgeister, jeden Augenblick mit dem gesunden Menschenverstande carambolierend, von dieser bald in dieses, bald in jenes beliebige Loch geschleudert werden; jetzt hat man erfahren, wie dort die Kammern, hier ein neu erbauter Wirtshaussalon eröffnet wird, wie eine wichtige Bill oder ein sehr unwichtiger Koulissenheld durchgeht, wie ein Parlamentredner oder eine Primadonna im Vortrage ihrer Bravourarie steckenbleibt, wie ein großes geschichtliches Trauerspiel oder eine Wiener Localposse durchfällt.
FRANZ WIEST. 1837

Zeitungsleser im Café Sperl. Photographie von Christine de Grancy. 1975

Vom Billardspiel

Carambol. Wiener Werkstätte-Postkarte von Moriz Jung. Um 1910

Die Kaffeehäuser in Wien sind in der Regel zugleich Billardzimmer, daher von großer
Räumlichkeit, da es mehrere gibt, in welchen vier, fünf Billarde angetroffen werden, nach
Tisch meistens alle besetzt. Und was sich da für Meister in dieser Kunst zeigen!
Schon das Zuschauen gewährt Vergnügen.
Friedrich Hurter. 1840

Einst waren die Billardspieler in Wien ein starkes, zahlreiches, mächtiges Geschlecht.
Die Jugend hielt es damals für eine Schmach,
falls irgend ein fünfzehnjähriger Wildfang mit dem Queue nicht umzugehen wußte.
Auch gab es eine förmliche Historie der edlen Billardkunst.
H. von Levitschnigg. 1860

Was für Werke der Barmherzigkeit üben denn die Wiener aus?
Ihr Erbteil unter arme Kaffeesieder und Marqueur auf dem Billard verteilen.
Eipeldauerbriefe. 1784

Billardspiel im Kaffeehaus Hugelmann in der Leopoldstadt. Unbezeichneter Stich
aus den Eipeldauerbriefen. 1820

Jüngst komm ich in ein Kaffeehaus, und da seh ich zwey Sesselträger in ihrer Muntur, und die haben die spanische Partie gespielt, habn aber ein Gixen nachn andern gebn. Wie ich ihnen ein Weil zugschaut hab, so sagt auf einmal der Jüngere zu mir: Ihre Gnaden müssen sich an uns nicht ärgern; wir haben aber ghört, daß das Billiarspiel ein nobles Spiel ist, und da wollen wir uns ein Bißl drin exerzirn. Au weh, Herr Vetter, wie weit ists mit dem noblen Spiel nicht kommen, wenn sogar Sesselträger schon Billiar spielen.
Eipeldauerbriefe. 1806

Früher wollten die Menschen alles im Café machen: spielen, lesen. Heute ist eine Spezialisierung eingetreten. Unser Café ist auch bereits eine Spezialisierung, dem Landcafé gegenüber, und je weiter vorgeschritten eine Stadt ist, umso mehr spezialisiert sie. In Berlin gibt es einen Billardpalast. Kerkau, der berühmte Billardspieler erhielt zur Durchführung dieses Programms viele Millionen. Im ersten Stockwerk ist das gewöhnliche Wiener Café, im zweiten eines wie das C. C., das heisst ein Nachtcafé, das am Tage fast immer leer ist, im nächsten Stockwerk sind 64 Billards aufgestellt. Die machen einen sehr merkwürdigen Eindruck. Man glaubt, es seien Tausende. Die guten Billardspieler spielen nicht mehr in kleinen Cafés, wo man daneben seinen Café trinkt.
Die Pflege des Billards ist eine Wissenschaft, mittels der es gegen alle Schäden und Witterungseinflüsse geschützt wird. Der Spieler geht dorthin, wo das Billard gut gepflegt wird und nicht dahin, wo die Pflege nur darin besteht, daß der Marqueur es „bürschtet". Die Dimensionen der Billards sind verschieden. Die französischen, die bei uns in Gebrauch sind, werden immer kleiner; die englischen sind sehr groß. Ein englisches Billard, das einmal ein Jahr lang hier war, dann aber zurückging, kostete 65.000 Kr.
Adolf Loos. Um 1913

Billardzimmer. Oben: Café Paulanerhof. Wien 4. Unten: Café Weghuber. Wien 7.
Photographien. Um 1910. Folgende Seite: Billardregeln. Um 1830

Neueste Wiener Billard-Regeln.

Allgemeine Regeln.

1. A la guerre mit 2 Bällen
mit einer beliebigen Anzahl von Mitspielern.

2. Pyramide-Parthie
mit 15 weissen und 1 rothen Balle.

3. Andouille.

4. Die grosse oder spanische Parthie
mit 5 Bällen (1 gelben, 1 blauen, 1 rothen und 2 weissen Spielbällen) auf 48 Points.

5. Italienische Parthie
für 2 Personen, mit 2 weissen und 1 rothen Balle, und 16 Points.

6. Kegel-Parthie
für 2 Personen, mit 1 rothen und 2 weissen Bällen auf 24 Points.

7. Deutsche Carambole-Parthie
für 2 Personen, mit 2 weissen und 1 rothen Balle auf 24 Points.

8. Französische Carambole
für 2 Personen, mit 1 rothen und 2 weissen Bällen und 20 oder 24 Points.

Vom Schachspiel

**Dr. Walter Rode und Dr. Heinrich Frankl im Café Central.
Zeichnung von Carl Josef. 1925**

Heute wie je dringt vom Schachzimmer eintöniges Gemurmel an das Ohr des naiven Arkadenhofbesuchers. Nur dem aus nächster Nähe hörenden Kenner löst es sich zu den absonderlichen Wendungen jener mysteriösen Sprache auf, die subtilesten Regungen geschmeidig nachzugeben, die allein Lust und Leid des Schachspielers restlos auszudrücken vermag. Vor den rauhen Einflüssen einer solch zartem Gebilde abholden Außenwelt sorgsam behütet, hat sie sich im Schachzimmer des Café Central seit Jahrzehnten unverändert erhalten. Der nachfolgende Dialog mag eine Vorstellung von ihr geben:

GOLDSTEIN: Nicht einmal aufstellen kann er, der Patzer! . . . Jetzt zittern Sie schon?

DR. SCHWARZ (stellt einen umgefallenen Läufer auf): Sie Patzer, Sie können doch nur gewinnen, wenn man die Königin einstellt . . .

GOLDSTEIN: Selbstverständlich, berührte Figur zieht.

DR. SCHWARZ: Was heißt berührte? Gedachte Figur zieht. Bei mir muß immer die gedachte Figur ziehen.

GOLDSTEIN: Bei ihm muß immer die gedachte . . . bei ihm muß immer . . . Da steht das Roß, das Rößchen, um nicht zu sagen das Rößlein, sehr gut . . . Hab ich schon gesagt: da steht das Rößlein sehr gut?

DR. SCHWARZ: Da wird das Rößlein nicht lang stehen. Alasolgaja.

GOLDSTEIN: Na, muß es denn grad da stehen? Wird es anderswo stehen. Schön ist es auch anderswo, und hier bin ich sowieso. Hab ich schon gesagt: schön ist es auch anderswo?

DR. SCHWARZ: Schach haste, Jokaste.

Goldstein: Das ist das sogenannte Wopatzerschach. Wo ein Patzer ein Schach sieht, gibt er es.
Dr. Schwarz: Reden Sie nicht so viel, Sie werden gleich die Partie, um nicht zu sagen die ganze Partikular grandissimo aufgeben.
Goldstein: Aufgeben tut man ein Postpaket ... Wenn ich so zieh, zieht er so, zieh ich aber so, zieht er so, und ich bin ein Sozius. Fall auf jeden werde ich meinen Turim, auch tette genannt, daher stellen. Hab ich schon gesagt.
Dr. Schwarz: Sie haben schon gesagt ... Hinein mit dem Läufertier ins volle Menschenleben.
Goldstein: Mich wollen Sie sekkieren in Illyrien, Sie Patzer? E kleines bissele Schach. Ganz e kleines bissele ...
Dr. Schwarz: Lassen Sie schon die Figur aus. Wenn Sie immer die Hände im Brett haben, werden Sie noch die Partikular gewinnien in Erinnyen.
Goldstein: In Erinnyen, hat er gesagt ... Gewinnien in Erinnyen ... Wenn ich so zieh, zieht er so ... Dieses Schach der ganzen Welt ...
Dr. Schwarz: Jetzt werden Sie zerspringen. Selber Schach. Schachuzipuzi.
Goldstein: Ojje, das hab ich leider übersehen. So verlier ich meine Partien.
Dr. Schwarz: Sie machen nur übersehische Züge ... Also zunerst hol ich mir das Springertierchen, klein aber niedlich. Stirbt an Altersschwäche ... Wann gibt man eine Partie auf?
Goldstein: Aufgeben tut man Heringe ... Wozu hab ich einen Freipojaz? Vorwärts!
Dr. Schwarz (räumt auf): Hab ich da gesehen ein Piepele! Klein aber niedlich. Stirbt an Altersschwäche ... Herr, mit was gedenken Sie Ihren Haushalt zu führien in Syrien?
Goldstein: Ruhe, Patzer! Wieviel Partien haben Sie schon bei mir gewonnen? Vorwärts, Pojaz!
Dr. Schwarz: Mit dem Pojaz werden Sie, wie schon der Name sagt, nicht weit kommen ... Schachuzi mit der Puzi ... Gleich folgt die Ermattung ... Schachuzi avec la Puzi.
Goldstein (wirft die Figuren durcheinander; es wird frisch aufgestellt): Aber berührte Figur zieht.
Dr. Schwarz: Was heißt berührte? Gedachte Figur zieht.
Eugen Lazar 1925

Ein offener, weiter Durchblick verband das Schachzimmer mit den vorderen Sälen ... Eingesponnen in ihre künstliche Sonderwelt und deren Probleme, schienen die Schachspieler teilnahmslos gegenüber dem, was sich rings um sie in den äußeren Zirkeln der Welt zutrug. So grübelten sie also auch noch weiter über ihren Partien, während bereits Wien, Europa, die ganze Welt dem Kriegsausbruch entgegenfieberte.
Percy Eckstein

Schachspieler im Café Central. Zeichnung von Carl Josef. 1925

Da sitzen sie, die Moltkes, die Napoleons, die Nelsons, GANZ SO wie jene auf dem SCHACHBRETTE DER WELT, alle geistig-seelischen Kräfte gedämmt in dieses Bett „Schachbrett". Größer sogar wie Napoleon, da Ehrgeiz und Ruhmsucht nach außen hier ausgeschlossen sind und nur das geistige Mysterium der gleichgültigen Sache selbst wirkt: gewinnen oder verlieren! Die Außenwelt ist ausgeschaltet, eingeschläfert, morphinisiert; wie in einem Märchenreiche befindet man sich; ein einziger heißer Wunsch: gewinnen, besiegen. Ein einziger Schmerz: geschlagen werden!
Wegen und für nichts. Der Irrsinn des Ehrgeizes, der leidenschaftlichen Betätigung geistiger Kräfte, gebannt auf einen halben Quadratmeter weißer und schwarzer Felder! Nicht ein jeder kann eben auf Kilometern von Feldern Tausende von lebendigen Pionen, Rösseln, Läufern, Türmen, Königinnen lenken, dirigieren. Und dennoch gibt es eben mehr Moltkes als diesen einen in der Welt! Im düsteren, dunstigen Schachzimmer, voll gespanntester Schlachtentscheidungsruhe, sind hundert Moltkes zusammengedrängt. Was bewirken sie mit ihrem Siege?!? Die Einigung Deutschlands?!? Nein, etwas Wichtigeres, die Einigung mit sich selbst, mit ihren eigenen Unruhen in ihnen und ihren überschüssigen Denkerkräften.
ÜBERSCHÜSSIGER KRÄFTE IRRSINNIG-MELANCHOLISCHE BETÄTIGUNG – – –!
Langsam findet er sich zu Hause zurecht, umarmt die Gattin, die Kinderchen. „Was versteht ihr davon?!? Es hing an einem Haare. Das rechtzeitige Eintreffen meiner Königin – – – Entsatz und Sieg!"
PETER ALTENBERG. SCHACHZIMMER. 1904

Vom Kartenspiel

Oben: Tarockpartie im Café Central. Photographie von Otto Skall. Um 1930.
Unten: Kibitz. Zeichnung von F. Gareis jun. 1898

Hinter der Säulenkolonnade, dicht an der Wand, standen grünbespannte Tische. Von dorther kamen die nachdenklichen, höhnischen oder triumphierenden Laute der Kartenspieler. Kurzsichtige Schreiberaugen, gerunzelte Intellektsstirnen stierten in die Tarockblätter. Draußen im Felde und auch in der Kaserne war das Kartenspiel eine angemessene Beschäftigung, der Ausdruck quälenden ziellosen Wartens. Hier wirkte das verkrochene Zusammenhocken unerfreulich. Ein dunkles Wort Engländers tauchte in Ferdinands Gedächtnis auf: Das Geheimnis des Kartenspiels ist die Todesangst.
Franz Werfel. 1929

Polgar Alfred — spielte Tarock; es war aber nicht das Tarockspiel eines Bürgers, es war Buddhas Flucht ins Tarock; sah man ihn so stundenlang sitzen, dann war gewiß der Gedanke kaum unterdrückbar: „Herrgott, was könnte aus dem Mann werden, wenn er hier nicht stundenlang tarockspielend säße!"
Anton Kuh. 1926

Spielzimmer in einem Wiener Kaffeehaus. Um 1890

Auch das Kaffeehausleben in Wien hat seine typischen Figuren, u. a. den „Kibitz".
Dieser ist als Zuschauer nur dann geduldet, wenn er sich regungslos verhält, durch keine
Miene die Chancen seines Patrones verräth und vor allem, wenn er „Glück bringt".
Wehe ihm, wenn er diese Voraussetzungen seiner Duldung in irgend einem Punkte nicht
rechtfertigt, die ätzende Lauge des Witzes und des Spottes ergiesst sich dann über sein
schuldiges Haupt und mit Schimpf und Schande beladen, muss er seinen Stand- oder
Sitzplatz verlassen, um sein Glück bei einem anderen Spieler zu versuchen.
Jubiläumsführer durch Wien. 1898

Vom Rauchvergnügen

Wie vor der Schöpfung das Chaos,
verschlang ewig dichter und dicker Nebel den wackeren Wirschmidt samt seinen
Gästen und Getränken und Lichtern zu ebener Erde wie über der Erde.
Hier auf diesem einzigen Punkt
wurde mehr und ärger Tabak geraucht, als in ganz Wien zusammen.
Franz Gräffer. 1845

Seynd also Caffee-Häuser heutiges Tags nichts anders als ein Kramladen,
worinnen man drey unnütze Dinge,
nemblich den Rauch, das warme Wasser und die Lüge umb baares Geld verkaufft.
J. V. Neiner. 1734

Raucher im Kaffeehaus. Altwiener Szene. Unbezeichneter Stich

Stammgast und Stammtisch

Ein Stammtisch ist ein Tisch, an dem abends die Ungezogenheiten, Frechheiten und Egoismen der Nebenmenschen ins Unermeßliche auswachsen! Ein Spülwasser-Ausguß für alles, was die beschäftigte Lebensmaschine bei Tage belastet und irritiert hatte!
Ich habe daher zu meiner irgendwie möglichen Entlastung einen kleinen Tarif zu meinen Gunsten eingeführt.
Anekdoten aus der Kinderstube und wundersame Erlebnisse mit seinen Kleinen: 70 Heller!
Versuche des Mannes, die Gattin oder Geliebte zu blamieren, zu desavouieren oder als ,,Dummerl" hinzustellen: 1 Krone 20! Rache der beiden Geschlechter für irgend etwas, was sie bei Tage gegiftet hatte: 80 Heller!
Ostentativer Versuch eines Herrn, einer Dame bei allen Dummheiten, die sie sagt, rechtzugeben: 1 Krone 40! Gespräche über Hygiene, die nicht den Lehren meines ,,Prodromos" entsprechen: 90 Heller!
Versuche der Eroberung einer Seele, die, wie alle Seelen, mir gehört, 3 Kronen 80! Zu nahes Sitzen neben einer Dame, die mir gefällt: 5 Kronen! Am ersten Abende der Einführung meines Tarifes bezahlte mir Herr T.:

		70 Heller
1	Krone	20 Heller
–		80 Heller
1	Krone	40 Heller
–		90 Heller
3	Kronen	80 Heller
5	Kronen	– Heller
13	Kronen	80 Heller

PETER ALTENBERG. 1915

Die rechte Freude am Kaffeehaus hat nur der Stammgast. Wer kein Stammgast ist, hat überall in Wien ein schweres Leben, aber man wird rasch Stammgast. Der Wiener ist stolz darauf, ein Stammgast zu sein, und führt es gerne seinen Freunden vor, welche Vorzüge er als solcher genießt. Zum Stammgast wird man vom Kellner ernannt. Der Kellner ist wie ein Lehrer in der Schule: er teilt gute und schlechte Noten aus. Nicht immer kriegt der, der am meisten konsumiert und die größten Trinkgelder gibt, die besten Noten. Der Kellner weiß, wer ein feiner Herr ist. Er ist aber nicht nur gerecht, er ist auch gütig; er sorgt für die Liebes- und Geldbedürfnisse seiner Stammgäste. Der Raunzer sagt: „Die Wiener Kellner sind Kuppler und Wucherer", aber das ist ebenso ein Mißverständnis, wie wenn man beim Sport einen Amateur mit einem Professional verwechselt. Manchmal ist es ja wirklich zum Verwechseln, aber im Prinzip ist es ein gewaltiger sozialer Unterschied. Wenn ein Kellner einem Gast einmal einen Hunderter leiht, dann bekommt er ihn am anderen Tag mit fünf Gulden Trinkgeld zurück – 1825 Prozent per anno, rechnet entsetzt der Pedant aus –, oder er sieht ihn niemals wieder. Das ist eher Spiel als Wucher. Und wenn er dem Herrn Baron die schlanke Blonde empfiehlt, dann ist es der gefällige Wink eines Kavaliers an den anderen. Er ist ein Mäzen: Studenten und Künstler schreibt er endlos die Zeche auf – und neugierig ist er: wenn ein Gast zweimal kommt, weiß er, wie er heißt, wo er wohnt, was er treibt, mit wem er telephoniert. Wenn er ihm in den Rock hilft, schaut er rasch über den Kragen, um zu sehen, ob der Rock von einem feinen Schneider und mit Seide gefüttert ist.
OTTO FRIEDLÄNDER

Das Wort „Popo" oder Ähnliches ist tunlichst zu vermeiden. Ist das aber unmöglich, so soll es mehr oder weniger geflüstert vorgebracht werden!
Politische Gespräche haben über die Phrase: „Ich glaube, in Amerika brandelt's", nicht hinauszugehen!
Gespräche über Goethe haben nicht in eine gräßliche Anrempelei des Hugo von Hofmannsthal auszuarten!
Gespräche allgemeiner Natur müssen eine perfid versteckte Spitze gegen irgend jemanden an unserem Stammtische besitzen; es ist wie die Würze zu Speisen; man verdaut sie dann besser!
Liebespaare dürfen an unseren Tisch kommen; denn es ist ein untrügliches Anzeichen, daß sie wenigstens diese Stunden nicht miteinander allein verbringen wollen; also eine Niederlage coram publico. Außerdem kann man die Dame vielleicht abspenstig machen!
PETER ALTENBERG. REGELN FÜR MEINEN STAMMTISCH. 1908

Stammgäste im Café Dobner. Wien 6, Linke Wienzeile. Photographie. Um 1900

Zu den beinahe untrüglichen Merkmalen eines Stammgastes gehörte die Behauptung, keiner zu sein (was mit gleicher Beharrlichkeit sonst nur Betrunkene von sich behaupten). Ernst Polak, eine der Säulen des Café Herrenhof, aus Prag gebürtig, in erster Ehe mit Kafkas Milena verheiratet, Literaturkenner von hohen Graden und weithin als kritische Instanz anerkannt, versäumte es nie, sein allnachmittägliches Erscheinen am Stammtisch mit der Mitteilung einzuleiten, daß er nur ausnahmsweise gekommen sei und gleich wieder gehen müsse, weil er seine Zeit nicht mit unnützem Herumsitzen und Herumreden vergeuden wolle. Er blieb dann meistens bis zur Sperrstunde, deren Ankündigung durch den Oberkellner Albert ihm ein entsetztes „Was — schon?!" entlockte. Berichten seiner Haushälterin zufolge erwachte er für gewöhnlich mit dem Seufzer: „Großer Gott — schon wieder ein Tag vorbei . . ." (Das verweist auf einen verwandten Ausspruch Friedrich Karinthys, des einzigen ungarischen Schriftstellers, der als würdiger Zeit- und Artgenosse Franz Molnárs anzusehen ist: „Was kann schon aus einem Tag werden, der damit beginnt, daß man aufstehen muß!")
Friedrich Torberg

Von Marqueuren, Kellnern, Pikkolos

Zahlmarqueur Gustav aus dem Café Griensteidl. Zeichnung von Friedrich Kaskeline. 1897

Solch ein Kellner muß ein anstelliger und sehr vernünftiger Mensch sein, außerordentlich gewandt, schnell, umsichtig, taktvoll, elastisch über die Maßen ... Ein Wiener Kellner nämlich muß ein reines förmliches, völliges Talent sein, wo nicht selbst ein Genie.
Franz Gräffer. 1845

Es lag Styl und Größe darin, wenn er einem Passanten, der nach zwanzig Jahren wieder einmal auftauchte, dieselbe Zeitung unaufgefordert in die Hand gab, die jener als Jüngling begehrt hatte.
Karl Kraus. 1897

Kaffeehauskellner mit Gast. Unbezeichneter Stich auf einer Neujahrskarte. Um 1830
Gegenüberliegende Seite: Kellner und Pikkolo. Café Sperl. Wien 6, Gumpendorfer Straße 11.
Photographie. Um 1890

Kaffeekoch, Zahlmarquer, Kellner, Pikkolo und zwei Dienstmänner vor dem Café Sperl.
Photographie. Um 1890

Aufmerksamkeit ist die Quelle von Trinkgeldern.
Peter Altenberg

Die Menschen werden in zwei Classen eingetheilt. In solche, dö was a Trinkgeld hergeben und in solche, die niemals nicht keines hergeben wollen. Zu den ersteren sagt man „Herr Doktor", wenn sie ein Augenglas aufhaben, oder „Herr Baron", wenn sie einen Pelz anhaben. Herentgegen zu den Schmutzianen sagt man gar nix. Gegen das neue Jahr gibt es eine Menge derartiger Herren, die a schäbige Bagaschi san und mit dem Kellner gerne einen Streit von der Semmel brechen, damit's a Ausred ham, um's neuche Jahr net z' komma, weil der Kalender niemals nicht ausbleibt. Der Neujahrskalender ist die Zeitrechnung der Marqueure und jeder anständige Gast muß was auf's Büchl nehmen.
Wiener Kladderadatsch. 1884

Die meisten Kunden dieser Schenke sind Tagediebe
und die Kaffeetrinker unnütze Brodfresser, denn da der Eintritt
und das Ausdünsten in diesem Backofen der Gelehrsamkeit
unentgeldlich ist, so gibt es unzählige Gäste, die das Diarium, ein Glas Wasser,
oder auch zu Zeiten den Abtrittsschlüssel begehren und dafür
einen falschen Siebzehner zum Neujahr in die aufgehängte Sparbüchse werfen.
J. Perinet. 1788

„Haben Sie die Güte, und schleichen Sie nicht so fort, die Marquörs bitten erst um Ihr Neujahrsgeschenk!" Satyrisches Bild aus der Wiener Theaterzeitung

Zwei Pikkolos in einem Pratercafé. Photographie von Dr. Emil Mayer. Um 1910

Junge Kellnerburschen dürfen nur gegen alle ihre Frechheiten von demjenigen in Schutz genommen werden, der sich ausweisen kann, daß er wirklich „homosexuell" sei.
Peter Altenberg. 1908

„Zahlen bitte!" Kellner beim Kassieren. Photographie. Um 1900
Und der Frack, den er jeden Tag anzieht, ist bereits aus einem beruflichen Gewand ein symbolisches geworden.
Joseph Roth. 1929

Die Kaffeehäuser sind alle zu ebener Erde, reinlich, elegant, komfortabel, mit blitzenden Geschirren und flinker Bedienung. Auf einer Tribüne in der Ecke des größten Saales sitzt eine niedliche Klio und schreibt mit bleiernem Griffel die Geschichte der Tage, d. h. sie kontrolliert die Marköre.
Schon früh morgens beginnt das Leben in ihnen und vor ihnen auf der Straße. Die meisten Junggesellen und Hagestolze stärken sich hier, bevor sie an ihre Geschäfte oder zu anderen Vergnügungen gehen, durch den Trank der Levante.
ADOLF GLASSBRENNER. 1922

Über meinem Schreibtisch hängt eine kolorierte Altwiener Lithographie „Die Kassierin vom silbernen Kaffeehaus". Es war das Literaturcafé des alten Wien, einstmals in der Plankengasse Nr. 4; so genannt, weil auf Silber serviert wurde. Wiener Literaturgeschichte und Kaffeehaus hängen eng zusammen; es ist noch niemandem eingefallen, die literarische Geschichte des Wiener Kaffeehauses zu erzählen; also will ich es in den Hauptzügen versuchen, soweit meine Erfahrung reicht.
Das Bild im Rahmen zeigt den typisch bescheidenen, aber zugleich so intimen Raum mit seinem einfachen, soliden Tischlermobiliar, vermutlich Mahagoni, einige der berühmten Stammgäste, die sich um das Büfett der schönen Kassierin, Mamsell Kathon, gruppieren. Sie neigt ihr hoch auffrisiertes Lockenköpfchen dem witzigen Castelli zu, der bildsaubere blonde Lanner und schwarzhaarige Strauß Vater auf der anderen Seite des Büfetts sind aufmerksame Zuhörer der saftigen Geschichtlein dieses Altwiener Anakreons. Im Vordergrund sitzt Graf Jarosinsky mit dem Burgtheaterdirektor Deinhardstein an einem der kleinen Marmortische im Gespräch. Auf der anderen Seite vorn der bucklige Komiker Schuster und Raimund, der Dichterzauberkerl, gleichsam ein Schwind der Bühne, der vermutlich seine Lieblingsidee erzählt, den Plan eines Stückes, darin die Seele weit über Länder und Meere zieht, alle menschlichen Erfahrungen und Leiden durchmacht, indessen der Körper daheim bleibt und alles, was die Seele erduldet, mit erleidet. Etwas also, was der Dichter immer tut, und somit auch Raimund tat, indem er seine Seele gleich in alle Wolken- und Feenreiche schickte und aus dem Widerspruch des Ideals mit der brutalen Wirklichkeit seine ebenso zauberhaften als treffsicheren Wirkungen erzielte. Zu dem literarischen Stammbaum des silbernen Kaffeehauses zählten auch Grillparzer, Bauernfeld und Lenau, der ewige Zigeuner, dessen Seele einer Landschaft gleicht mit leuchtenden Gipfeln und tiefbeschatteten Tälern und Abgründen. Nach ihm gehörten zu einem vollkommenen Dasein drei Dinge: der duftende Mokka am Tisch, eine Pfeife im Mund und eine Idee im Kopf.
J. A. LUX

Die Sitzkassierin vom Silbernen Kaffeehaus mit ihren Bewunderern (von links nach rechts):
Severin von Jaroszinsky, Johannes Ludwig Deinhardstein, Ignaz Franz Castelli, Josef Lanner,
Johann Strauss Vater, Ferdinand Raimund und Ignaz Schuster. Altwiener Lithographie.
Um 1820

Am Büfett aber zwischen den silbernen Aufsätzen mit den Zuckertassen und
Rumflascherln waltet reich an Reiz, der nie veraltet, mit wogendem Busen, Brillanten in
den Ohren und mit einem hohen blonden Schopf frisch gebrannter Haare die „Gnädige".
Meistens ist sie es nicht persönlich, sondern eine sogenannte Sitzkassierin, aber immer ist es
eine üppige, freundlich lächelnde Dame, in der sich Koketterie, Tugend und
Gewissenhaftigkeit vereinen müssen. Es gehört zu den Pflichten eines Weltmannes, sich
gelegentlich zu ihr an das Büfett zu lehnen und ihr einige scherzhafte Komplimente zu
machen. Zu ihrem Namenstag bringt man ihr Bonbons, aber nie hat man noch gehört, daß
ein Stammgast mit einer Sitzkassierin „etwas gehabt" hätte. Es muß einer der
solidesten Berufe sein. Heute gibt es auch keine Sitzkassierin mehr — die Registrierkasse
in der Küche hat sie verdrängt —, sie ist einmal die einzige Vertreterin tugendhafter
und reizvoller Weiblichkeit in der Klausur des Wiener Kaffeehauses gewesen.
Otto Friedländer

Friedrich Torberg. Requiem für einen Oberkellner

Der Oberkellner Franz Hnatek ist gestorben. Vierzig von den annähernd siebzig Jahren seines Lebens war er Oberkellner im Café Herrenhof, also von dessen (des Herrenhofs) Geburt bis zu seinem (Hnateks) Tod. Denn das Café Herrenhof, Wiens letztes Literatencafé, trat erst im Jahre 1918 ins Leben, ungefähr gleichzeitig mit der Republik Österreich. Und ähnlich wie die Republik das Erbe der Monarchie antrat, trat das Café Herrenhof das Erbe des ihm unmittelbar benachbarten Café Central an.
Das „Central" ist längst kein Kaffeehaus mehr, sondern birgt die Verkaufsräumlichkeiten einer höchst literaturfernen Im- und Exportfirma. Das „Herrenhof" ist immer noch ein Kaffeehaus. Es ist sogar – mit Nachsicht aller von der Geschichte eingehobenen Taxen – immer noch ein Literatencafé. Als solches wurde es von einem seiner tatkräftigeren Oberkellner namens Albert durch alle Wirrnisse des Naziregimes, des Krieges und der Russenbesetzung hindurchgesteuert. Der Oberkellner Albert ist heute (nicht mit Unrecht) Besitzer des Lokals und heißt Herr Kainz. Der Oberkellner Hnatek hieß schon als Oberkellner „Herr Hnatek". Nicht „Herr Ober" und nicht „Hnatek" und schon gar nicht „Franz" (daß er überhaupt einen Vornamen hatte, entnahm man erst dem Partezettel), sondern „Herr Hnatek". Es ging gar nicht anders. Er war wirklich ein Herr, war es in ungleich höherem Maße als mancher von denen, die er bediente. Wenn er mit soignierter Gebärde seine hochgewachsene Gestalt dem Wunsch des Gastes neigte, verfiel man unwillkürlich in ein respektvolles Flüstern, verbreitete sich allsogleich die vornehm-diskrete Atmosphäre jener englischen Clubs, in denen Herr Hnatek seine Ausbildung genossen hatte. Es ist mir nicht erinnerlich, daß irgend jemand je ein lautes Wort zu Herrn Hnatek gesprochen hätte. Wer die Clientèle eines Literatencafés kennt, wird ermessen, was diese Feststellung bedeutet.
Indessen ist hier weder die Geschichte des Wiener Kaffeehauses noch des Wiener Literatencafés zu schreiben, nicht einmal die Geschichte des Café Herrenhof, ja nicht einmal die mehr oder weniger mit ihr identische Geschichte des Herrn Hnatek. Nur um den etwa noch wissenden Zeitgenossen und ihren etwa noch wissensdurstigen Nachfahren vor Augen zu führen, welch unglaublich reiche Kulturepoche an Herrn Hnatek vorüberzog, sei hier festgehalten, daß sich unter den von ihm betreuten Gästen noch Hugo von Hofmannsthal und Franz Werfel befunden haben, Robert Musil und Hermann Broch, Alfred Polgar und Joseph Roth. Und wenn man jemandem erklären sollte, was das Wiener Literatencafé eigentlich war und wie ein

Ober in einem Wiener Literatencafé beschaffen zu sein hatte, dann würde man ihm wohl am besten eine der vielen Anekdoten erzählen, in deren Mittelpunkt Herr Hnatek stand und steht und stehenbleiben wird.

Die folgende spielt zu einer Zeit, da Franz Werfel, schon weidlich arriviert und von den Fesseln der Berühmtheit an seinem geliebten Bohèmedasein weidlich behindert, nur noch in großen Abständen das Café Herrenhof aufsuchte. Und da geschah es einmal – ich war dabei, ich saß am untersten Ende des Tisches, ein junger, nachsichtig zugelassener Literaturlehrling –, da geschah es, daß Werfel, als es zum Zahlen kam, dem Herrn Hnatek wahrheitsgemäß einen Kapuziner ansagte, und daß Herr Hnatek sich mit diskreter Mahnung zu ihm herabbeugte: ,,Vom letzten Mal, Herr Werfel, hätten wir noch eine Teeschale braun und ein Gebäck." Werfel, der sich dieses beträchtlich zurückliegenden letzten Mals natürlich nicht entsann und ebenso natürlich in Herrn Hnateks Angaben keinen Zweifel setzte, entschuldigte sich hochrot vor Verlegenheit (denn er war, wie schon gesagt, um diese Zeit bereits sehr arriviert und über die Entwicklungsphase nicht beglichener Zechen längst hinaus):

,,Nein – aber sowas", stotterte er. ,,Sie müssen verzeihen, Herr Hnatek – ich weiß wirklich nicht, wie mir das passieren konnte."

Da neigte Herr Hnatek sich abermals zu ihm und flüsterte begütigend: ,,Das war nämlich der Tag, an dem der Herr von Hofmannsthal gestorben ist."

Und an einem solchen Tag, wollte Herr Hnatek andeuten, waren die Dichter so niedergeschlagen, daß man's ihnen nicht übelnehmen konnte, wenn sie zu zahlen vergaßen . . .

Noch ein anderer Tag und eine andere Geschichte seien aus Herrn Hnateks reichem Leben herausgegriffen. Die Geschichte wurde mir von einem untadelig verläßlichen Freund berichtet, einem der wenigen Herrenhof-Insassen, die ich nach meiner Rückkehr am gleichen Tisch wie ehedem und auch ansonsten völlig unverändert vorgefunden habe. Der Tag aber, um den es sich handelt, war der Tag, da die alliierten Truppen in Frankreich landeten und da im Hinterland die widerwilligen Ostmärker einander zuzwinkerten und zunickten. Auch mein Freund und auch Herr Hnatek gehörten zu ihnen, und beide wußten es voneinander. Und deshalb beugte sich Herr Hnatek beim Zahlen ein wenig tiefer ans Ohr des heimlichen Gefährten und fragte:

,,Glauben Herr Redakteur, daß die anderen Herren jetzt bald kommen werden?"

Denn Herr Hnatek bezog die Weltgeschichte durchaus auf das Café Herrenhof und hatte für ihr Auf und Ab keinen anderen Maßstab als das Fernbleiben oder Erscheinen seiner Stammgäste.

Viele, sehr viele sind nicht mehr in seine Obhut zurückgekehrt. Laßt uns um ihret- und um seinetwillen hoffen, daß es im Himmel ein Kaffeehaus gibt, in dem er sie wiedersieht.

Kaffeevariationen

Oben: Kaffeeküche im Café Griensteidl. Zeichnung von Friedrich Kaskeline. 1897. Gegenüberliegende Seite: Sitzkassierin in einem Wiener Kaffeehaus. Photographie. Um 1890

Der „kleine Schwarze" ist die Eintrittsgebühr ins Kaffeehaus. Alle halben Stunden bekommt man frisches Wasser serviert, und dabei kann man viele Stunden lang sitzen.
Otto Friedländer

Ein Perfektionist unter den einstigen Kellnern des Café Herrenhof trug ständig eine Lackier-Farbskala mit zwanzig numerierten Schattierungen von Braun bei sich und hatte den erfolgreichen Ehrgeiz, seinen Stammgästen den Kaffee genau in der gewünschten Farbtönung zu servieren. Bestellungen und Beschwerden erfolgten dann nur noch unter Angabe der Nummer: „Bitte einen Vierzehner mit Schlag!" oder „Hermann, was soll das? Ich habe einen Achter bestellt, und Sie bringen mir einen Zwölfer!" Aber das waren Mätzchen, die über ihren engern Ursprungsbezirk nicht hinauskamen und keine Allgemeingültigkeit beanspruchten, so wenig wie der „Sperbertürke", ein doppelt starker, mit Würfelzucker aufgekochter „Türkischer", den der Rechtsanwalt Hugo Sperber, wohl das letzte Original des Wiener Barreaus, vor anstrengenden Verhandlungen einzunehmen liebte; oder der „überstürzte Neumann", die Erfindung eines andern, Neumann geheißenen Stammgastes, die darin bestand, daß das Schlagobers nicht auf den bereits fertigen Kaffee, sondern auf den Boden der noch leeren Schale gelagert und sodann vom heißen Kaffee „überstürzt" wurde.
Friedrich Torberg

Rudolf Weys. Schale Nußgold oder Die Kellnerprüfung

PRÜFER: Geschätztes Auditorium, hochverehrte Zuträger und Zuträgerinnen, einschließlich Pikkolo, Sitzkassierin und Gebäck! Delegiert vom Gewerbeförderungsinstitut, ist es meine Aufgabe, Ihnen in schwerer Zeit, bevor daß Sie in alle Winde hinausschnellen, Ihnen also ein letztesmal einzuschärfen, welche Kulturmission unser heimisches Echtwiener-Kaffeehaus in der Welt zu erfüllen hat, vermag und auch kann. Und fürwahr: gibt es ein prächtigeres Bild als unsere lieben Wiener und Wienerinnen hinter den wohnlichen Spiegelglasscheiben eines anheimelnden und natürlich erstklassig geführten Wiener Kaffeehauses? Blicken Sie auf unser „Victoria", „Dom" und „Schwarzenberg", aufs „Sacher", „Jungwirth" und „Museum", auf unser „Herrn-", „Atlas-", „Goethe-", „Rudolfs-" und „Heinrichshof" – das gibt es kein zweitesmal, das darf es kein zweitesmal geben! (Wischt sich den Schweiß von der Stirne.) Bevor daß Sie also hinausschnellen, werde ich mir erlauben, Sie einer kleinen Prüfung zu unterziehen, ob Sie auch imstande sind, Ihren Stand voll und ganz auszufüllen. Karl Domeier, komm ausser.
KARL (tritt vor): Der Herr gewunschen, bitte –??
PRÜFER: Der Tonfall war net schlecht, a bisserl rescher könnt er noch sein. Also, Sie, Karl, sagens mir: was ist ein „Kapuziner, mehr licht mit Schlag"?
KARL (sehr rasch): Ein „Kapuziner, mehr licht mit Schlag" ist beinahe dasselbe wie eine „Schale Nußgold mit Haut", nur eben natürlich mit „Schlag" statt mit „Haut" und um eine Idee mehr dunkel.
PRÜFER: Sehr brav, setzen. (Blättert im Katalog.) Josef Hundsgruber?
JOSEF: Hier!
PRÜFER: Was ist eine „Teeschale"?
JOSEF: Eine Schale Tee.
PRÜFER: Ganz falsch, Karl, sagen Sie's!
KARL (stotternd): Eine Tasse . . ., eine Schale . . . zum Teetrinken, ich bitte!
PRÜFER: Eine Schand für einen werdenden Zuträger, so was nicht wissen! Eine Teeschale im Kaffeehaus ist nichts als eine Maßeinheit. Eine „Teeschale, mehr licht" zum Beispiel, das is eine „Kaffeeschale Lauf", also ein laufender, normaler Kaffee. Denn a wirklicher Tee is nie eine „Teeschale", sondern immer eine „Portion". Und die „Portionen" zerfallen in – (deutet auf Franz), – na, sagens es!?
FRANZ: Die „Portionen Tee" zerfallen in: „mit Rum", „mit Milch", „mit Zitrone" und „mit ohne", ich bitte.
PRÜFER: Brav. Kennens vielleicht auch die verschiedenen Arten „Melange"? Obwohl, das is eigentlich schon mehr Hochschulstoff und dürft Ihnen demnach zu schwer sein?
FRANZ: Man unterscheidet achterlei Arten „Melange". Die häufigst vorkom-

mende is die „mit Schlag". Es gibt aber auch hier „mit ohne", ferner „passiert" oder „mit Haut", dann „mit Haut und mit Schlag", „mit Haut und ohne Schlag", „ohne Haut und mit Schlag", und schließlich „ohne Haut und ohne Schlag".
PRÜFER: Danke, ich seh schon, Sie verdienen Auszeichnung. Fräulein Hansi Honigmeier? (Hansi steht auf.) Indem daß das Kellnergewerbe ein durch und durch männlicher Beruf ist, wäre dementsprechend das Frauenstudium stark hintanzuhalten. Oder haben Sie vielleicht ein eigenes Kaffeehaus?
HANSI: Das grad net, aber i studier auf „Gebäck".
PRÜFER: Das geht schon eher. Immerhin birgt der Beruf gewisse Gefahren für ein junges Mädchen. Was machen Sie zum Beispiel, wenn ein Herr unter dem Vorwand, bei Ihnen was zu bestellen, fragt, was Sie am Abend machen und so weiter? Na, Sie wissen schon . . .?!
HANSI: Das ist sehr einfach, bitte! Da sag ich ihm folgendes: „Auf d' Nacht, mein Herr, geh ich schön nach Haus. Ins Kino geh ich zwar auch hie und da, aber nur, wenn ich Lust hab. In Stadtpark setz ich mich in der Finstern prinzipiell nicht, und wo man sich sonst „ungestört" unterhalten kann, weiß ich nicht. Wenn ichs aber wüßt, ging ich mit Ihnen auch nicht hin. Da somit alle Möglichkeiten erwogen sind, können Sie sich weitere Privatfragen sparen und mir bekanntgeben, was ich Ihnen servieren darf."
PRÜFER: Sehr gut. Was glaubens, was sagt Ihnen der Kren drauf?
HANSI: „Danke schön, ich hab kan Appetit mehr!" Und putzt sich.
PRÜFER: Na, fürs Lokal is das zwar schlecht, aber in sittlichem Betragen verdienens ein Einser. Danke, Sie können sich setzen. – Josef, für Sie noch eine Frage, weils früher versagt haben. Aber jetzt passens genau auf. Was is alsdann „einmal Natur"?
JOSEF (stotternd): „Einmal Natur . . ., einmal Natur . . ."
PRÜFER: Was? Das wissens auch nicht?
JOSEF: Bitt schön, damals hab ich gefehlt!
PRÜFER: Mein lieber Herr, mit solche Kenntnisse könnens net als Kompensation ins Ausland! Passens auf: „Ein Schwarzer" is manchesmal ein „Türkischer" und manchesmal ein „Mokka" –
JOSEF (unterbrechend): Bitt schön, i waß schon: Der letztere, nämlich der „Türkische", is teils „passiert", dann is er „natur" oder „gewöhnlich", dann is er „gewöhnlich". Auch da gibts wieder „Nuß- oder Teeschale", man kann zur „passierten Nußschale" ein „Schlag" oder zum „Doppelmokka natur" gar nix nehmen oder umgekehrt –
PRÜFER (unterbrechend): Sehr richtig, das laßt sich permutieren. Was „ein Kapo, sehr hell", eine „Melange, sehr heiß", „ein Doppelmokka, gespritzt", oder ein „Mazagran" ist, geht demnach eindeutig aus dem Obengesagten hervor. So und jetzt hätt ma noch den Schurl. Komm außer, Pikkolo!
SCHURL (mit Hangerl, devot): Der Herr gewunschen, bitte? Schon befohlen?

PRÜFER: Um eine Idee zu servil sagens das. A Wiener derf nie vergessen lassen, daß er von Natur aus eigentlich resch is! Paß auf: wann ein Herr bestellt: ,,Einmal Sahne!" Was denkst da da sofort?
SCHURL: Daß der Herr a Preuß is, Herr Professor. Eine ,,Sahne" is nämlich in Wahrheit immer ,,ein Schlag", äußerstenfalls ein ,,Obers".
PRÜFER: Sehr gut. Was kann der Herr zum ,,Wiener Frühstück" haben?
SCHURL: Ei, Jam, Honig, Marmelade, ganz nach Belieben. Wann aber der Gast statt dem Honig telephonieren gehen will, so ist das in besseren Lokalen nicht gestattet.
PRÜFER: Wenn ein Gast eine Zeitung wünscht, wo ist dieselbe?
SCHURL: In der Hand.
PRÜFER: Sehr brav, mein Sohn, setz dich. Jetzt noch eine Abschlußfrage, bevor ich Sie alle für reif erkläre für den Dienst am Kunden. Stellts euch einmal alle vor, ein Gast ruft ,,Zahlen!" Was machts Ihr da? (Alle zeigen auf.) Na, Franz?
FRANZ: I geh sofort hin und kassier ein.
PRÜFER: Ganz falsch. Ihnen muß ma umschulen auf ein Gaskassier. – Pepi?
JOSEF: Ich schau, ob der Gast zu mein Rayon ghört.
PRÜFER: Schon besser. Was meine Sie, Fräulein Hansi?
HANSI: I scher mit net drum.
PRÜFER: Sehts es, von einer Frau müßts Ihr euch beschämen lassen! Ruft der Gast ,,Zahlen!" und es hörts, sag ma, der Pikkolo, was is dann? Schurl?
SCHURL (ratschend): Hörts der Pikkolo, kümmert er sich net drum. Kümmert er sich aber ja drum, sagt ers dem ersten Zuträger, der sagts dem zweiten. Wann der Gast Glück hat, geht des jetzt so weiter bis zum Marqueur, der was bekanntlich der Ober is. Wann aber der Gast ka Glück hat –
PRÜFER: Karl, fahren Sie fort!
KARL: Wann daß der Gast kein Glück hat, fangt er halt wieder von vorn an mit sein depperten ,,Zahlen!"
PRÜFER: Jetzt aber Annahme, bitte: Annahme – in der Praxis kommts ja eh nie vor! – daß es gleich beim ersten Mal der Marqueur hört, was is dann?
KARL: Dann derf der Ober nie sofort hingehen. Sofort hingehen is absolut unfein, das schauert ja aus, als ob ma in St. Pölten ausgelernt hätt und net beim ,,Sacher". Besser Fliegen fangen oder jede andere Arbeit, nur net hingehn!
PRÜFER: Sehr richtig! Besser Fliegen fangen oder jede andre Arbeit, nur net hingehn! Mit dieser Lebensregel wollen wir unsere heutige Gewerbeförderung beschließen. Alle ohne Ausnahme sind mit Auszeichnung für reif erklärt, österreichische Volksbräuche in alle Winde zu tragen, gemäß dem Wahlspruch auf unserem Panier: Na – –?
ALLE (erheben sich und sprechen mit dem Prüfer unisono): Wiener Kaffee über alles, wenn er nur will!!

Ein Blick in die Kaffeeküche. Oben: Café Weghuber. Photographie. Um 1900.
Unten: Café Heinrichshof. Photographie. Um 1935

Der „Schanigarten"

Oben: „Schanigarten" in einem Kaffeehaus auf dem Graben. Wien 1.
Photographie von Dr. Emil Mayer. 1908. Folgende Doppelseite: Ringstraßencafé
mit im Freien sitzenden Gästen. Photographie. 1915

(„Schani" ist eine volkstümliche weitverbreitete Abkürzung des Namens Johann, zugleich, wie „Jean" im Französischen, ein Gattungsname für untergeordnete Helfer. Noch heute heißt der Parkwächter in Wien „Parkschani". Der Schani im Café und im Gasthaus war der Lehrling, der Rangniedrigste des Personals.
Wenn nun die geeignete Jahreszeit anbrach, sagte der Prinzipal: „Schani, trag 'n Garten aussi!" — und Schani trug den Garten auf den Gehsteig vor dem Lokal. Dieser Garten bestand aus Holzkisten mit Grünpflanzen.)
Hans Weigel

Oben: Vorgarten des Café Landtmann. Wien 1, Dr.-Karl-Lueger-Ring 4. Um 1930.
Unten: Café Sacher. Wien 1, Opernring 11. Um 1930

Vorstadtkaffeehäuser und Nachtcafés

Vorstadtcafé in Rudolfsheim. Photographie. Um 1890

Die Vorstadtkaffeehäuser sind auch nicht zu vergessen.
Natürlich die Leopoldstadt ist's Capo, und da müssen die andern noch hübsch aufpassen,
wenn sie's der Leopoldstadt nachmachen wollen,
— indeß ist's in der Roßau, auf der Wieden, in der Schleifmühlgassen,
beim Jagomuzzi an der Wien, auf der Laimgruben und
zu Mariahilf, in der Josefstadt beim Schwarz recht lebendig.
Auf der Landstraße kommt's mir ein Bissel langweilig vor.
So eine schöne Vorstadt und so kalte Unterhaltungen.
Nicht einmal die Zeitungen habens wie in der Stadt; außer dem täglichen Brod,
das Diarium und den Beobachter,
giebts da kein Morgenblatt zum Fruhstuck, kein Gesellschafter nach
dem Essen, kein Abendzeitung, wanns finster wird, nicht
einmal den Eipeldauer habens...
Eipeldauerbriefe, 1820

Im Café Spieß frühmorgens. Xylographie von M. Ledeli. Um 1900

Auch in Wien ist der Durst nach Kaffee bis unter die Taglöhner und Marktweiber gekommen. Darum stehen in allen Vorstädten bis gegen Mittag hölzerne Ständchen, wo man für die Liebhaber aus dem Pöbel die Schale samt einem Kipfel für 1 Kreuzer ausschänkt. Allein dies ist nichtwahrer Kaffee, sondern geröstete Gerste, mit etwas Syrup versüßt; und jenes geringe Volk trinkt dieses Dekokt, weil es sich für 1 Kreuzer kein anderes so wohl schmeckendes und Magen erwärmendes Frühstück verschaffen kann. Eine solche Kaffeehütte bringt, wenn sie gut besucht wird, des Tags 33 Kreuzer reinen Gewinnst ein.
Johann Pezzl. 1786

„Fliegendes Kaffeehaus". Photographie. Um 1905

Kaffeehaus in einer Wiener Vorstadt. Xylographie von M. Ledeli. Um 1900

Was ist ein Nachtcafé?! Etwas Unverlogenes. Die Mädchen wollen leben und nicht Frondienste leisten, nicht Schaffel reiben und Nachttöpfe fremder Menschen reinigen, solange sie noch entzückende Leiber haben. Sie wollen sich andererseits betrinken, um zu vergessen, daß das alles nicht so weitergeht, in infinitum. Sie stehen vor stündlichen Gefahren, müssen sich berauschen an irgend etwas, um sich Mut zu machen für die Schlacht des Lebens! Niemand behandelt sie nach ihres jungen Herzens Wunsche! Infolgedessen rächen sie sich, wie sie es können, bald so, bald anders! Heimtückische, feige Marodeure sind nur die Männer! Eine, der ich in Briefen meine tiefste Sympathie, mein gerechtestes Verständnis bewiesen hatte, sagte dennoch: ,,Du mußt mir die zwanzig Kronen im vorhinein bezahlen – –! Wir haben es leider gelernt, selbst romantisch veranlagten Dichtern nicht mehr zu trauen – – –!"

Die Damenkapelle ist eine Oase. Sie sind verheiratet, Bräute, oder sonst treu irgend jemandem. Sie haben ein konsolidiertes Schicksal. Sie haben irgend etwas gelernt, wodurch man sich weiterbringt. Sie haben sich der Lebensordnung eingefügt. Ob sie glücklicher sind, nicht andern Enttäuschungen, Gefahren ausgeliefert?!? Zwei Welten, hart aneinander, einander gleich in ihren schweren Kämpfen. Keine Damenkapelle ohne diese Hetären, keine Hetären ohne diese Damenkapelle! Nur die Männer sind das perfide Element. Sie möchten alle zusammen unglücklich machen, ihre ewig hungrigen Eitelkeiten mästen mit den unglückseligen Blicken verliebter Frauen! Damenkapelle oder Hetäre gilt ihnen gleich, ihre innere rohe Leere mit einem liebevollen dummen Frauenherzen auszufüllen – – –! Nachtcafé, du kleine miserable Welt, du Abbild der großen, noch viel miserableren!

PETER ALTENBERG. 1911

Leben und Treiben in einem Wiener Volkscafé. Unbezeichnete Lithographie. Um 1910

Jeder Mensch kann in jedes Kaffeehaus gehen — ausgenommen natürlich die Damen. Damen allein werden nicht bedient, wenn sie aber bedient werden, ist das kein gutes Zeichen — dann sind sie offiziell geduldet, um dort Herrenbekanntschaften zu machen, und werden dabei generös von den Kellnern gefördert, die ihrerseits wieder von den Damen generös bedacht werden. Aber wirkliche Damen gehen nur nach einer Soirée oder nach dem Ball mit ihren Herren ins Kaffeehaus und kommen sich dabei so verrucht vor wie ein Mann, der in einen Harem geführt wird. Sie schlagen die Füße übereinander, legen den Kopf zurück und rauchen Zigaretten.
Otto Friedländer

Kaffeehäuser im Prater

Das Erste Kaffeehaus im Prater. Stich von N. Bittner

Da wo sich die Bäume der Au an die Allee andrängen,
erblickt man unter deren Schatten ein Kaffeehaus.
Es ist niedlich gebaut und von mehreren Nebenhütten
deren einige geschmackvoll ausgemalt sind, umgeben. Die Ebene vor derselben
ist mit vielen Tischen besetzt, an denen die Spazierenden ausruhen,
sich durch kühlende Getränke und den Anblick erquicken,
welche die Göttin der Mode an den Gestalten und dem
Putze der vorüberwallenden schöneren Hälfte des Menschengeschlechtes darbietet.
F. X. Gaheis. 1799

Teufel's I. Kaffeehaus, Hauptallee, k. k. Prater. Unbezeichnete Skizze. Um 1900

Kaffeehaus in der Praterallee. Unbezeichneter Stich

In der ersten Reihe am Wege stehen 31 Tische.
In der Mitte ist unter einem großen Regenschirm die Musikbühne.
Mehrere Lusthütten, die alle mit Nr. 14 bezeichnet sind,
gehören zu diesem sogenannten Ersten Kaffeehause.
F. X. Gaheis. 1799

Die nächste Kaffeehütte
übertrifft an Umfang und Ansehen die vorwärts gelegene um vieles.
Aber die Anlage des Ganzen, die jungen Bäume,
unter welchen die Tischchen angebracht sind, und die Anordnung der Laternenpfähle,
alles hat Ähnlichkeit mit jener.
Allein das Schauspiel, welches die Versammlung der glänzendsten Personen
aus allen Ständen, die sich hier mit Erfrischungen erquicken,
die gewöhnlich auf Silber oder Gold serviert werden, darbietet,
läßt alles hinter sich,
was sich auch die lebhafteste Einbildungskraft vorstellen könnte.
F. X. Gaheis. 1799

Seit 1811 bestand neben dem Kaffeehaus auch eine Restauration …
Aber neben den kulinarischen Genüssen wurden auch höhere geistige geboten,
so konnte man hier Beethoven
zum letztenmal im Jahre 1814 als Klavierspieler bewundern.
Gustav Gugitz

Der blonde Lanner, „Flachskopf" genannt, und der „Mohrenschädel" Strauß,
später als Komponisten die beiden Dioskuren der ersten Glanzzeit des Wiener Walzers,
waren zunächst unzertrennliche Freunde und wohnten beisammen.
Man erzählte,
die beiden bettelarmen jungen Musikanten hätten gemeinsam nur ein Hemd besessen
und es abwechselnd getragen.
Das Quartett war erfolgreich und wurde zum Orchester erweitert;
es debütierte 1824 in einem Kaffeehaus im Prater.
Marcel Prawy

Gegenüberliegende Seite: Johann Strauss Sohn (oben) und Carl Michael Ziehrer (unten). Scherenschnitte von Hans Schließmann. Oben: Militärmusikkapelle im dritten Kaffeehaus im Prater. Photographie. Um 1900. Folgende Doppelseite: Sachergarten im Wiener Prater. Photographie. Um 1910

Eine Hauptanziehung
dürften die Morgenkonzerte des 2. Regimentes der Stadtmiliz gebildet haben.
Das Kaffeehaus war später, zum mindesten seit 1832,
auch im Winter geöffnet, wo Johann Strauß, dem sich im nächsten Jahre
Lanner hinzugesellte, an jedem Sonn- und Feiertag spielte,
weiterhin auch an jedem Donnerstag Nachmittag.
Gustav Gugitz

Postscriptum

Kaffeehaus ist in Wien nicht nur ein Raum
zum alleinigen Befriedigen von körperlichen Bedürfnissen.
Vor gar nicht allzulanger Zeit
war diese Stadt mit großen Kaffeehäusern, man könnte fast sagen, erfüllt.
In dieser vergangenen Zeit war ein Kaffeehaus ein Heim,
ein Zuhause,
eine Art Wohnung,
eine Studierstätte,
ein Hörsaal,
eine Börse,
eine politische Tribüne,
ein Wartezimmer für den einzig für einen zuständigen Psychiater,
der Rendezvousort,
der Anfang des Einfalls,
die Hemmung vor dem Selbstmord,
der Beginn des Tages,
die Ruhe des Vormittags,
der überwundene Mittag,
die Einkehr des Nachmittags,
die überwundene Angst vor der Nacht,
das Hoffen auf den falschen Freund,
das Warten auf die Freundin,
die nie kommt,
das Gespräch mit der Geliebten,
um nie das letzte Wort zu finden,
die sich nie erfüllende Hoffnung,
der ewige Rückschritt,
um alles wiederum dort zu suchen,
wo man es vorher schon nicht gefunden hat.
Diese vielen Orte der Begegnung sind schwindsüchtig geworden,
langsam eines tragischen Todes gestorben.
Eine neue Umwelt hat geglaubt,
sich auf sich selbst verlassen zu können.
Dieser tragische Irrtum kann einer Stadt wie Wien
zu einem schnelleren Untergang verhelfen,
wie es sich auch ein echter Feind nicht unbedingt wünschen wollte.
Wolfgang Hutter

Gegenüberliegende Seite: Café Hawelka. Wien 1, Dorotheergasse. Nach der Sperrstunde.
Photographie von Gabriela Brandenstein. 1975

Literatur- und Abbildungsverzeichnis

Peter Altenberg. Semmering 1912. S. Fischer. Berlin 1913
Peter Altenberg. Schachzimmer. In: Kunst. Monatsschrift für Kunst und alles andere. Nr. 6. März 1904
Peter Altenberg. Neues Altes. S. Fischer. Berlin 1911
Peter Altenberg. Vita ipsa. S. Fischer. Berlin 1918
Peter Altenberg. Mein Lebensabend. S. Fischer. Berlin 1919
Peter Altenberg. Märchen des Lebens. S. Fischer. Berlin 1908
Hermann Bahr. Studien zur Kritik der Moderne. Literar. Anstalt Rütten & Löning. Frankfurt/Main 1894
Hermann Bahr. Selbstbildnis. S. Fischer. Berlin 1923
Johann Nikolaus Becker. Fragmente aus dem Tagebuch eines reisenden Neufranken. Frankfurt und Leipzig 1972
Alois (Groppenberger) von Bergenstamm. Geschichte des unteren Werds oder der heutigen Leopoldstadt ... Wien 1812
Moriz Bermann. Illustrirter Führer durch Wien und Umgebungen. A. Hartleben. Wien – Pest – Leipzig 1885
Helmuth Burgert. Das Wiener Kaffeehaus. Österreichische Bücherei Nr. 2 (Hg. von Dr. Alfred Missong). Heimat Verlag. Brixlegg/Tirol 1937
Jean Charles (Ps. für Johann Carl Braun von Braunthal). Wien und die Wiener, ihr öffentliches und häusliches, geistiges und materielles Leben. J. B. Metzler'sche Buchhandlung. Stuttgart 1840
Percy Eckstein. Die Schachspieler im Café Central. In: Die Presse, Wien, 6. März 1960
Eipeldauerbriefe. Jahrgang 1820. Heft 11
Josef Engelhart. Ein Wiener Maler erzählt. Mein Leben und meine Modelle. Wilhelm Andermann Verlag. Wien 1943
Rudolf Forster. Das Spiel mein Leben. Propyläen Verlag. Berlin 1967
Ludwig August Frankl. Zur Biographie Ferdinand Raimunds. A. Hartleben. Wien – Pest – Leipzig 1884
Casimir Freschot. Mémoires de la Cour de Vienne. Köln 1705
Otto Friedländer. Letzter Glanz der Märchenstadt. Ring-Verlag. Wien 1948. (Neuausgabe: Gardena Verlag. Wien – München 1969)
Johann Baptist Fuchs. Erinnerungen aus dem Leben eines Kölner Juristen. 1757–1827. Köln 1912
Franz Xaver Gaheis. Wanderungen und Spazierfahrten in die Gegenden um Wien. Wien 1799
Adolf Glaßbrenner. Bilder und Träume aus Wien. Rikola-Verlag. Wien – Berlin – Leipzig – München 1922
Max Graf. Die Wiener Oper. Humboldt-Verlag. Wien 1955

Franz Gräffer. Kleine Wiener Memoiren und Wiener Dosenstücke. Hg. von Anton Schlossar unter Mitwirkung von Gustav Gugitz. 2 Bde. Georg Müller. München 1918 und 1922

Gustav Gugitz. Das Wiener Kaffeehaus. Ein Stück Kultur- und Lokalgeschichte. Deutscher Verlag für Jugend und Volk. Wien 1940

Ludwig Hevesi. Acht Jahre Sezession. Carl Konegen. Wien 1906

Ludwig Hirschfeld. Literaturcafé. In: Die klingende Stadt. Skizzen aus dem lauten und dem stilleren Wien. Verlag Robert Mohr. Wien 1912

Karl Höflmayr. Wien und die Wiener. Wien o. J.

Hugo von Hofmannsthal. Brief an Hermann Bahr vom 15. 11. 1896. Aus: Literatur und Kritik. Zuschrift von Rudolf Hirsch. Heft 49. Oktober 1970

Friedrich Hurter. Ausflug nach Wien und Preßburg im Sommer 1839. 2 Bde. Schaffhausen 1840

Wolfgang Hutter. Federmenschen. Euro Art Bücherkreis. Wien 1976

Kaiser-Jubiläums-Führer durch Wien. Rudolf M. Rohrer. Brünn 1898

Oskar Kokoschka. Mein Leben. Verlag Bruckmann. München 1971

N. Küttner. Reise durch Deutschland, Dänemark, Schweden ... in den Jahren 1797, 1798, 1799, Leipzig 1801

Karl Kraus. Der Löwenkopf oder Die Gefahren der Technik. In: Untergang der Welt durch schwarze Magie. Verlag „Die Fackel". Wien – Leipzig 1922

Karl Kraus. Die demolirte Litteratur. Verlag A. Bauer. Wien 1897

Karl Kraus. Besprechung des Erstlings der Wiener Schriftstellerin Fanny Gröger. (Adhimukti. Berlin 1895). In: Neue Freie Presse. 12. 6. 1895

Karl Kraus. Die demolirte Litteratur. In: Wiener Rundschau. Vorabdruck, in 4 Teilen erschienen (15. 11., 1. 12., 15. 12. 1896 und 1. 1. 1897). Verlag der Wiener Rundschau

Karl Kraus. Literatur oder Man wird doch da sehn. Magische Operette. Verlag „Die Fackel". Wien – Leipzig 1921

Johann Basilius Küchelbecker. Allerneueste Nachricht vom Römisch Kaiserlichen Hofe. Hannover 1730

Anton Kuh. Von Goethe abwärts. Essays in Aussprüchen. Tal Verlag. Leipzig – Wien – Zürich 1922

Anton Kuh. Von Goethe abwärts. Aphorismen, Essays, Kleine Prosa. Forum Verlag. Wien – Hannover – Bern 1963

Anton Kuh. „Central" und „Herrenhof". In: Der Querschnitt. Heft 8/August 1926. Berlin 1926

Ferdinand Kürnberger. Glosse zum Wiener Zeitungswesen. In: Jugend in Wien. Literatur um 1900. Katalog. Ausstellung Deutsches Literaturarchiv. Marbach/Neckar 1974

Eugen Lazar. Café Central. Eine ehrwürdige Ruine. In: Die Bühne. Heft Nr. 14 vom 12. 2. 1925

Heinrich von Levitschnigg. Wien, wie es war und ist. Pest 1860

Adolf Loos. Vortrag in der Schwarzwaldschule. Um 1913–15. Mitschrift eines Schülers. Freundliche Mitteilung von Burckhardt Rukschio, Wien

Joseph August Lux. Das alte gemütliche Wien. Ein Buch von heiterer Lebenskunst. Holbein-Verlag. München 1922

Hans Martensen. Aus meinem Leben. Berlin 1891

Soma Morgenstern. Dichten, denken, berichten. Gespräche zwischen Roth und Musil. In: Frankfurter Allgemeine Zeitung. Nr. 79 vom 5. April. Jahrgang 1975

Johann Valentin Neiner. Neu ausgelegter Curioser Tändel-Markt der jetzigen Welt. Wien 1734

Johann Nestroy. Umsonst. Sämtliche Werke. Bd. 14. Hist.-krit. Ausgabe von F. Brukner und O. Rommel. Schroll. Wien 1924–1930

Friedrich Nicolai. Beschreibung einer Reise durch Deutschland und die Schweiz, im Jahre 1781. Berlin und Stettin 1783–1796

Joachim Perinet. Annehmlichkeiten in Wien. Wien 1787/1788

Johann Pezzl. Skizze von Wien. Wien 1786–1788

Alfred Polgar. Theorie des „Café Central". In: Alfred Polgar. An den Rand geschrieben. Rowohlt. Berlin 1927

Marcel Prawy. Johann Strauss. Weltgeschichte im Walzertakt. Verlag Fritz Molden. Wien – München – Zürich 1975

Sigismund von Radecki. Wie ich glaube. Jakob Hegner Verlag. Köln 1953

Josef Richter. Die Eipeldauer Briefe. Bd. 1 (1785–1797) und Bd. 2 (1799–1813). Hg. von Eugen von Pannel. Georg Müller. München 1917 und 1918

Werner Riemerschmid. Die große Zeit des „Central". Glanz und Untergang eines Wiener Kaffeehauses. In: Die Presse. Wien. Nr. 433 vom 19. März. Jg. 1950

Philipp Ludwig Hermann Röder. Reisen durch das südliche Deutschland. 3 Bde. Leipzig und Klagenfurt 1789–1793

Joseph Roth. Der alte Kellner. In: Frankfurter Zeitung. Jg. 73. Nr. 72 vom 27. Jänner 1929

John Russell. Reise durch Deutschland und einige südliche Provinzen Österreichs in den Jahren 1820, 1821 und 1822. Leipzig 1825

Felix Salten. Aus den Anfängen. In: Jahrbuch deutscher Bibliophilen und Literaturfreunde. Jg. 18/19 (1923/33). Paul Zsolnay Verlag. Berlin – Wien – Leipzig 1933

Arthur Schnitzler. Der Weg ins Freie. S. Fischer. Berlin 1908

Arthur Schnitzler. Tagebuchnotiz über Karl Kraus vom 12. Juni 1895. Aus: Karl Kraus und Arthur Schnitzler. Eine Dokumentation von Reinhard Urbach. Literatur und Kritik. Nr. 49. Oktober 1970. Otto Müller. Salzburg 1970

Werner J. Schweiger (Hg.). Das große Peter Altenberg Buch. Paul Zsolnay Verlag. Wien – Hamburg 1977

Rudolf Sieczynski. Ein Kaffeesieder von einst (Josef Gabesam). In: Seltsame Leute im einstigen Wien. Wiener Volksbuchverlag. Wien 1950

Herta Singer. Im Wiener Kaffeehaus. Jugend & Volk. Wien 1959

Otto Soyka. Viel Geist war mit von der Partie. Erinnerungen aus dem Café Central. In: Die Schau. Wien. Jg. 1. Nr. 15/16 vom August 1953

Richard Specht. Arthur Schnitzler. Der Dichter und sein Werk. Eine Studie. S. Fischer. Berlin 1922

Hilde Spiel. Das Kaffeehaus als Weltanschauung. In: Wien. Spektrum einer Stadt. Jugend & Volk. Wien – München 1971

Hilde Spiel. Rückkehr nach Wien. Ein Tagebuch. Nymphenburger Verlagsbuchhandlung. München 1968

Emanuel Straube. Das Silberne Kaffeehaus. In: Illustriertes Familienbuch zur Unterhaltung und Belehrung häuslicher Kreise. Triest 1851

Emil Szittya. Das Kuriositäten-Kabinett. See Verlag. Konstanz 1923

Friedrich Torberg. Tante Jolesch oder Der Untergang des Abendlandes in Anekdoten. Langen Müller Verlag. München 1975

Friedrich Torberg. Das Kaffeehaus. In: Wien. Vorstadt Europas. Artemis Verlag. Zürich 1963

Georg Trakl. Dichtungen und Briefe. Hg. von Walther Killy und Hans Szklenar. Otto Müller. Salzburg 1969

Berthold Viertel. Brief an Erhard Buschbeck vom 30. Juni 1950. Deutsches Literaturarchiv. Marbach/Neckar

Berthold Viertel. In: Jugend in Wien. Literatur um 1900. Katalog. Ausstellung Deutsches Literaturarchiv. Marbach/Neckar 1974

Carl Julius Weber. Sämmtliche Werke. Bd. 5. Stuttgart 1834–1844

Edmund Wengraf. Kaffeehaus und Literatur. In: Wiener Literatur-Zeitung. 2. Jg. Nr. 7. 1891

Franz Werfel. Barbara oder die Frömmigkeit. Zsolnay. Berlin – Wien – Leipzig 1929

Rudolf Weys. Literatur – am Naschmarkt. Kulturgeschichte der Wiener Kleinkunst in Kostproben. Erwin Cudek Verlag. Wien 1947

Wiener Allgemeine Theaterzeitung. Jahrgang 1849

Wiener Cicerone 1908. Illustrirter Fremdenführer durch Wien und Umgebung. XVII. Jahrgang. Volkswirtschaftlicher Verlag Alexander Dorn. Wien 1908

Nachtgedanken des Zahlkellners Jean. In: Wiener Kladderadatsch. Wochenzeitschrift. 6. Jänner 1884

Wiener Rundschau. Nr. 12 Jg. 3 1898/99

Franz Wiest. Über das Zeitungslesen in den Kaffeehäusern. In: Wiener Theaterzeitung. 30. September 1837

Franz Wiest. Das poetische Kaffeehaus. In: Der Sammler. Wien 1834

Sigmund Wilheim. Das literarische Kaffeehaus. In: Sigmund Wilheim. Wiener Wandelbilder. Hg. von Heinrich Glücksmann und Lola Lorme. Verlag Brüder Rosenbaum. Wien. Leipzig 1912

Johann Peter Willebrandt. Hirostische Berichte und praktische Anmerkungen auf Reisen in Deutschland ... Frankfurt und Leipzig 1761

Die Texte folgender Autoren wurden uns mit freundlicher Genehmigung folgender Verlage bzw. Personen zur Verfügung gestellt: Peter Altenberg – S. Fischer Verlag, Frankfurt/Main; Hermann Bahr – H. Bauer-Verlag, Wien; Rudolf Forster – Propyläen, Berlin; Gustav Gugitz – Verlag Jugend & Volk, Wien – München; Oskar Kokoschka – Bruckmann Verlag, München; Karl Kraus (sämtliche nicht aus der „Fackel" stammenden Texte) – Karl-Kraus-Nachlaß, U.S.A.; Karl Kraus (Texte aus der „Fackel") – Kösel Verlag, München; Alfred Polgar – Rowohlt Verlag GmbH, Reinbek bei Hamburg (Aus: Standpunkte. © Rowohlt Verlag GmbH, Reinbek bei Hamburg, 1959); Felix Salten – V. Wyler, Zürich, als Rechtsnachfolger von Anna Katharina Wyler-Salten; Arthur Schnitzler – S. Fischer Verlag, Frankfurt/Main (Aus: Die erzählenden Schriften. © 1961 S. Fischer Verlag GmbH, Frankfurt am Main); Hilde Spiel – Nymphenburger Verlagshandlung, München; Friedrich Torberg – Albert Langen – Georg Müller Verlag, München; Franz Werfel – S. Fischer Verlag, Frankfurt/Main; Rudolf Weys – Verlag Cudek, Wien. Außerdem danken wir Wolfgang Hutter für die Abdruckgenehmigung für seinen Text.

Die Vorlagen für folgende Abbildungen wurden freundlicherweise vom Bildarchiv der Österreichischen Nationalbibliothek zur Verfügung gestellt: Seite 17, 32, 36, 37, 39 oben und unten, 40, 42, 45, 49, 52, 56, 64, 72, 79, 81, 87, 90, 98, 100, 102 unten, 106, 107 oben und unten, 114 unten, 117, 123, 125,133 oben und unten, 135 oben und unten, 136/137, 141,146/147, 154, 157
Das Historische Museum der Stadt Wien erteilte die Reproduktionsgenehmigung für folgende Abbildungen: Seite 25, 44, 46 oben und unten, 47, 48, 59 oben und unten, 108,113, 118 unten, 121, 129, 142 oben, 143
Das Photoatelier Gerlach (Wien 7, Neubaugasse 36) stellte die Vorlagen für die Abbildungen auf den Seiten 88/89 und 96 zur Verfügung, der Verlag Reinhold Entzmann & Sohn (Wien 1, Seilerstätte 21) die auf Seite 31, das Photoarchiv Bruno Reiffenstein, Wien, die auf Seite 38
Aus dem Archiv von Werner J. Schweiger stammen folgende Abbildungsvorlagen: Seite 27, 30, 51, 53, 54 oben, 63, 66, 71, 86, 91, 92, 99, 105, 114 unten, 139 unten, 140. Aus dem gleichen Archiv stammen die Abbildungsvorlagen auf den folgenden Seiten: Seite 70 (Aus: Schwarz auf weiß. Ballspende. Kostümfest der Wiener Kunstgewerbeschule. 1902); Seite 73 unten (Aus: Erstes Programmheft des Künstlercabarets „Nachtlicht". Wien 1906); Seite 101 unten (Aus: Die Wage. Jg. 1922. 1919. Heft 22); Seite 103, 118 oben, 128 (Aus: Die vornehme Welt. Jg. 1897); Seite 142 unten (Aus: Im Wiener Prater. Hg. von E. Merkt. Wien o. J.); Seite 28, 80 (Aus: Wiener Neueste Nachrichten. Sonderbeilage. Ostern 1932); Seite 54 unten (Aus: Muskete. Nr. 20 vom 15. Februar 1906); Seite 102 oben, 112 unten (Aus: Kaiser-Jubiläums-Führer durch Wien. Brünn 1898)
Die Abbildungen auf den Seiten 26, 33, 65, 101 oben und 112 oben wurden Heft 361 (Jg. 10. Wien 1933) der Zeitschrift „Die Bühne" entnommen, die auf den Seiten 73 oben, 109 und 111, Heft 14 (Jg. 2. Wien 1925), die auf Seite 94, Heft 372 (Jg. 11. Wien 1934)
Das Archiv von Franz Hubmann, Wien, stellte die Abbildungsvorlagen auf den Seiten 122, 134, 138, 139 unten, 145 und auf der Vorderseite des Schutzumschlags zur Verfügung, das

Archiv der Molden Edition die auf den Seiten 104 und 148, das Archiv von Christian Brandstätter, Wien, die auf den Seiten 5, 13, 21, 97 oben und unten
Die Abbildungen auf den Seiten 3, 62, 115, 144 oben und unten wurden dem Buch „Wiener Schattenbilder" von Hans Schließmann (Verlag Robert Mohr. Wien o. J.) entnommen
Dipl.-Ing. Georg Schwalm-Theiß, Wien, überließ uns freundlicherweise die Vorlage zur Abbildung auf Seite 95
Folgende Kaffeehäuser waren uns mit Abbildungsmaterial behilflich: Café Museum, Wien 1, Friedrichstraße 6 (Seite 93 oben und unten); Hotel Imperial, Wien 1, Kärntnerring 16 (Seite 82); Café Sperl, Wien 6, Gumpendorfer Straße 11 (Seite 9, 35, 85 oben und unten, 119, 120)

AUSTRIACA

Literatur für Österreicher und alle, die Österreich lieben.

Dorothy Gies McGuigan
Familie Habsburg
1273 bis 1918
(26701)

Otto Friedländer
Letzter Glanz der Märchenstadt
(26702)

Hellmut Andics
Neue Österreichische Geschichte in 4 Bänden
Band 1:
Das österreichische Jahrhundert
Die Donaumonarchie 1804-1900
(26703)
Band 2:
Der Untergang der Donaumonarchie
Österreich-Ungarn von der Jahrhundertwende bis zum Nov.1918
(26704)
Band 3:
Der Staat, den keiner wollte
Österreich von der Gründung der Republik bis zur Moskauer Deklaration
(26705)
Band 4:
Die Insel der Seligen
Österreich von der Moskauer Deklaration bis zur Gegenwart
(26706)

Ernst Trost
Die Donau
Lebenslauf eines Stromes
(26707)

Ernst Trost
Das blieb vom Doppeladler
Auf den Spuren der versunkenen Donaumonarchie
(26708)

Fritz Molden
Fepolinski & Waschlapski
auf dem berstenden Stern
(26709)

Marcel Prawy
Johann Strauß
Weltgeschichte im Walzertakt
(26710)

Edward Crankshaw
Die Habsburger
(26711)

Jörg Mauthe
Die große Hitze
oder Die Errettung Österreichs durch den Legationsrat Dr.Tuzzi
(26712)

Johannes Kunz
Hoffnungslos, aber nicht ernst
Der politische Witz in Österreich seit 1918
(26713)

Heinz Conrads
Meine ersten 60 Jahre
(26714)

IRONIMUS
Mein Österreich
Karikaturen
(26716)

Marcel Prawy
Die Wiener Oper
Band 1 / (26719)
Band 2 / (26720)
Band 3 / (26721)

Ernst Haeusserman
Das Wiener Burgtheater
(26722)

Richard Heinersdorff
Die K.u.K.privilegierten Eisenbahnen
1828-1918 der Österreichisch-Ungarischen Monarchie
(26724)

Franz J.Grieshofer
Die Lederhose
(26901)

André Heller
Die Ernte der Schlaflosigkeit in Wien
(26902)

Federico von Berzeviczy-Pallavicini
Die K.u.K. Hofzuckerbäckerei Demel
(26903)

GOLDMANN VERLAG

AUSTRIACA

Literatur für Österreicher und alle, die Österreich lieben.

Franz J. Grieshofer
Die Lederhose
(26901)

André Heller
Die Ernte der Schlaflosigkeit in Wien
(26902)

Federico von Berzeviczy-Pallavicini
Die k.u.k. Hofzuckerbäckerei Demel
(26903)

GOLDMANN VERLAG

Made in Austria · 12/81 · 1. Auflage · 118
Genehmigte Taschenbuchausgabe
© der Originalausgabe 1978
by Verlag Fritz Molden, Wien–München–Zürich
Umschlaggestaltung: Atelier Adolf & Angelika Bachmann, München
Umschlagfoto: Bildarchiv der Österreichischen Nationalbibliothek
Druck und Bindearbeit: Welsermühl, Wels
Verlagsnummer: 26 904
Lektorat: Cornelia Schmidt-Braul
Herstellung: Franz Hanns/Sebastian Strohmaier
ISBN 3-442-26904-0